枞阳乡愁文集

钱叶全 主编

合肥工业大学出版社

图书在版编目（CIP）数据

枞阳乡愁文集/钱叶全主编. —合肥：合肥工业大学出版社，2020.6
ISBN 978-7-5650-4912-5

Ⅰ.①枞… Ⅱ.①钱… Ⅲ.①枞阳县—地方史—文集 Ⅳ.①K295.44-53

中国版本图书馆CIP数据核字（2020）第098580号

枞阳乡愁文集
ZONGYANG XIANGCHOU WENJI

钱叶全 主编　　　　责任编辑 疏利民

出 版	合肥工业大学出版社	版 次	2020年6月第1版
地 址	合肥市屯溪路193号	印 次	2020年6月第1次印刷
邮 编	230009	开 本	710毫米×1010毫米 1/16
电 话	综合编辑部：0551-62903018	印 张	20.5
	市场营销部：0551-62903198	字 数	260千字
网 址	www.hfutpress.com.cn	印 刷	安徽联众印刷有限公司
E-mail	hfutpress@163.com	发 行	全国新华书店

ISBN 978-7-5650-4912-5　　　　定价：68.00元

《枞阳乡愁文集》编委会名单

前　言

乡愁是精神原乡的文化自信

钱叶全

出版这本乡愁文集，虽谈不上信仰，但确是我多年的夙愿。

故乡不仅仅是回望，更重要的是面向未来。当初向北京的枞阳老乡约稿时，老乡钱平凡给我回信说，你让我说乡愁，我“愁”的是枞阳的发展，“愁”的是如何能够为家乡发展助一臂之力。他说，真正的乡愁是发展的“核聚”，它的变量在于发展之路，成为联结海内外枞阳人的纽带，成为汇聚天下枞阳人的才智和实践，成为发展的文化动能，这是我理解的“乡愁”。

2018年春，《枞阳杂志》出版100期，座谈会上有人建议把《枞阳杂志》上的乡愁文章结集出版，我觉得很有意义。

其意义在于，这些年来，全国的枞阳同乡包括在枞阳工作或生活的全体枞阳人、广大读者、作者，他们用丰富的发展实践、改革实践和创作实践共同提升了乡愁的品质和内涵，使《枞阳杂志》成了一扇为枞阳发展服务的最佳窗口，成了一张为彰显枞阳精神服务、为凝聚枞阳力量服务的乡愁型名片。

乡愁是精神上的，但有各种载体。《枞阳杂志》从一本乡情杂志属性上承载了广大同乡的乡愁意识，这种乡愁建设成果是无意识的，但又完全在意料之中，是县委县政府以发展为导向的主动作为。

乡愁是枞阳人血液里的基因。在不同的表现形式上，乡愁或许是亲切的乡音、温暖的往事，或许是浓浓的亲情、舌尖的记忆，或许是家乡的老屋、熟悉的小路，或许是一个村庄、一棵古树、一条老街，甚至有忧伤、有苦涩，有无法忘怀的伤痛……但不管怎样，乡愁总是你情感中最敏感、最柔弱的部分，也是人性中最刻骨铭心的精神原乡。她不在乎你如何显贵或平凡，她只会等你“归来”。

合肥同乡张利明说：“近乡情更怯。”江文波说：“你给我三座城，都换不回家乡的一碗小白菜。”

时光不可逆，也是生命的不可逆，每个人只有一个精神原乡。

美的方洪波至今记得万桥村的那口古井，那口稻田旁的古井至今保持着原样，清澈见底，像村庄老人的眼睛，盼着她的孩子归来。

枞阳是水乡，那一条条清澈的河流上的粼粼波光，仿佛是无数双乡愁的眼睛。上半年一个有星空的夜晚，疏利民先生召集了一批在合肥的同乡小聚，在罍街拉出一条“庆祝《枞阳杂志》出版100期”的横幅，我看见了乡愁的星光。

在这次小聚上，我诠释了乡愁的一个概念——星光的乡愁。星光的乡愁是行走的乡愁，星光的乡愁是梦想的乡愁，星光的乡愁是责任和担当的乡愁。

枞阳人有两个故乡，一个是本土的原乡，一个是行走的故乡。

行走是枞阳人的常态，也是枞阳人的梦想。你们不管在哪里，不管以什么样的方式怀揣梦想，故乡的父老乡亲、一草一木、山山水水都在时刻牵挂着你们，相信你们也以同样的牵挂眷念着故乡的风土人情、往事和乡音。

请原谅我在故乡的这些年，以一本杂志的纽带像量子通讯一样，在梦想的星空下串联起每一个枞阳人行走的脚步，珍藏着无数枞阳人对家乡情感的点点滴滴，并数年乐此不疲引以为荣。

乡愁有她的翅膀，也有她的大地。

我记忆中永远有一个干净的画面：外婆家在横埠河，每次外婆送我出门，都把我送到村口一棵大枫树下，在我口袋里装一把花生，叮嘱我半天，回去的路上别搞水；我走了几条田埂，她还在大树下站着送我……

多年以后，乡愁进入政府的美好乡村建设时，我诠释的审美村落都是这个画面：

真正的村庄，有一方门口塘，有一棵古树，有泥土和小瓦的农舍，有熟悉的乡音和锅巴……这些年，最值得自豪的是，在编杂志和出版乡愁文集的过程中，我把最干净的文字奉献给了故乡。

这两年，浮山镇出现了一个“坡上村79”，我去过几次，在传统村落的审美里，“坡上村79”是枞阳乡愁的另一种实践诠释。

乡愁的内心深处，不是乡村的自卑，而恰恰是我们精神原乡的自信。“望得见山，看得见水，记得住乡愁”，中华民族的文化自信正是包括我们原乡在内的乡愁自信和乡村自信。

王自鹏在《季节之外》里说：“所谓诗和远方，其实抵不过故乡的一缕炊烟。”我说，一个人最幸福的过程，是把最干净的信仰奉献给生长于斯的村庄。

希望这本乡愁文集面世，我们不要过多地用文学的眼光来挑剔她，她宛如一片雪花，不拒绝泥土，不拒绝大地，干净地降落下来，都在村庄之上。

目录

第一章 枞川寻梦

第二章 人文郁勃

第三章 山水乡音

第四章 村落无声

第五章 枞阳味道

第六章 农事·器物

第七章 老街·老手艺

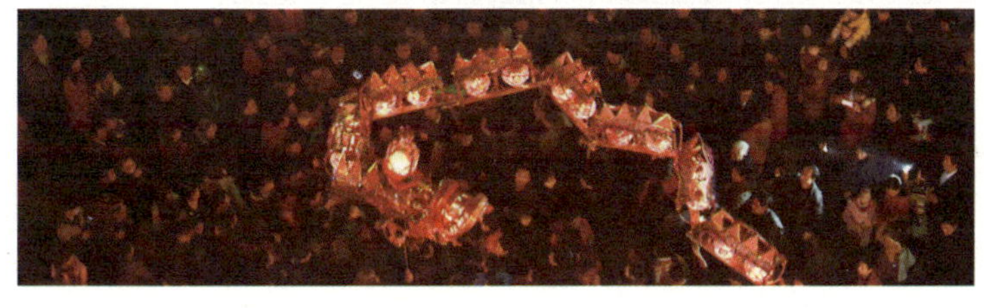

第八章 乡风民俗

第九章 故乡素描

附录

第一章 枞川寻梦

舳舻千里
薄枞阳而出
长江
是枞阳梦开始的地方
射蛟台
是枞阳之歌拉开的序幕

市委常委、县委书记刘亚东陪同客商参观黄镇图书馆

枞阳的乡愁

既是历史的河流

又是时代创新的星光

——编者

朱枞鹏在母校讲学

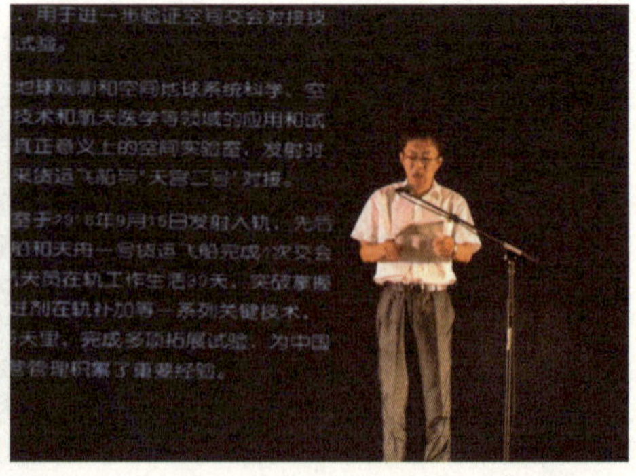

杨如松县长在枞阳主持朱枞鹏航天科技报告会

寻梦枞川

王建生

第一集　梦起蛟台

轻帆挂与白云来，棹击中流天倒开。
五月江声千里客，夜深同到射蛟台。
——姚鼐

就从这里开始吧。射蛟台，枞阳梦开始的地方。

这是一张枞阳老城区交通现状图，深蓝色的线条，是老城三条穿越汉唐、横贯明清的石板路，分别叫后街、中街、河街，它们自北向南横向排列，就像一个枞川的“川”字。枞阳，又叫枞川，这三条石板路的最初布局与枞川这一称呼是否有关，现在我们无法考证，但这个名字一定与这条环抱小城、蜿蜒流淌的长河有关。

实际上，长河就叫枞川河，甚至还叫过枞江，是长江水系大大小小支流中的一支，历史上它一度与长江融合交集，江河同流，或汹涌狂

帆挂青山白云来
楫击中流天倒开
五月江声千里客
夜深同到射蛟台

录姚鼐诗一首 钱

暴，或静流如歌。

至少公元前106年的枞阳，就是这番水天相接的苍茫景象。这一年的冬天，汉武帝南行巡狩，江面依旧辽阔，枞川河畔蒹葭苍苍，白露为霜。顺江而下的皇家船队停泊在河街沿岸，楼船上下绵延千里，史书上说："舳舻千里，薄枞阳而出"，足见当时的热闹场面是何等壮观。

如今，汉武帝南行巡狩的盛况早已成为淡远的岁月，只能在史书里找到片言只语，但他在枞阳江上射蛟的故事世代流传，而射蛟台，一个天下闻名且被收入《中国名胜大辞典》的去处，显然是枞阳许多传说中最美的神话。

老街，是枞阳历史的切口，走在后街平滑幽深的石板路上，你就一步跨进了明朝。井是明朝的，宅子也是明朝的，连同这些木制的梁柱、飞翘的檐角、铅灰色的砖瓦、用白石灰涂抹着的墙缝都显得那么古朴苍老。

沿着后街的石巷再往前走百余步，不知不觉就来到了汉代。射蛟台就在后街北面这道山坡上，面朝长江，迎风耸立。2000多年过去，它是如此的凛然肃穆又是如此地牵动着我们的心。

现在住在老街六十岁上下的人，大都还记得当年射蛟台独特神奇的地貌。达观山南麓山坡上，一片一亩有余的山岩和周边地形迥然不同，数十根天然石柱拔地而起，根根独立，突怒偃蹇，争为奇状。众石之中又耸立着两根一人来高的石柱，顶平、骈立，顶端有两个酷似靴底的脚印，脚尖朝向西南，与不远处连城湖中的一个土墩遥遥相望。两根石柱后面有一块凹陷的岩石，如同椅子形状，靠背扶手齐全，虽然四周杂草萋萋，野花丛生，但椅面终年干燥洁净，苔藓不生。

历史的颓垣早就埋没了汉代花草，枞川夜雨里，也已不见了当初的渔火江枫。"射蛟惟有空台在，秋色东来起暮烟"，时光依旧，但从前射蛟台那个神奇的地貌早已面目全非，无论你心中如何波澜万千，那种辉煌都已谢幕，如今只剩下这块孤独不语的标志碑。

说射蛟台是一个历史废墟也许并不为过，但射蛟台无疑在枞阳人的心目中有着山一样的分量，因为从汉武帝射蛟的那一年起，枞阳正式设县；从汉武帝作《盛唐枞阳之歌》的那一刻起，枞阳人以枞阳的名义追求繁荣昌盛、富足安宁的梦想就不休不止了。

今天，射蛟台遗址公园正在保护修建。枞阳，一个千年历史文化名城的梦想开始了。

第二集　千年墨香

扫云初上惜阴亭，亭下芊芊草色青。
碑刻不随城市改，渔矶聊待贾帆停。
山围春树年年雨，江映寒芒夜夜星。
射虎纵横今始灭，谁将辛苦献王廷。

——胡缵宗

上码头老城区的范围西起上码头老街，东边一直延伸到莲花湖西岸，在这个大约五平方千米的三角形区域，设计了三个文化休闲公园，洗墨池公园便是其中的一个。

假如把两千年的时空，置于同一视点下集中放大，西汉以后直至西晋末年，这一段枞阳历史似乎没有灵光一现的神来之笔，或者一气呵成的华彩段落。但枞川河的荻叶芦花，依旧年复一年迎送着寒来暑往；达观山的枞树，年年也都纵情地生长，生长在每一个枞阳的春天。

汉武帝的黄华盖在枞阳消失大约400年以后，一个布衣青衫负箧寻梦的高大身影又出现在枞阳达观山上，他就是在中国历史上“惜阴励志”的传奇人物——陶侃。

出生在西晋末年的陶侃，从小家境贫寒，是个名副其实的草根阶层。但他在担任枞阳令期间勤政廉洁、励精图治，后来官升太尉大司马，都督八州，据上流，握强兵，成为东晋政坛上一颗最为耀眼的明星。

他的珍惜光阴故事、运甓自励故事、陶母封酢故事，在现今的枞阳，很多人张口都能说上一段，而枞阳达观山边的陶侃惜阴亭和洗墨池，就更是家喻户晓、人人皆知了。

位于达观山和凤凰山之间的惜阴亭最早叫运甓亭，取陶侃运甓自励的意思，亭西建有陶公祠。到了明代，或许是枞阳学风蔚然兴起的缘故，知县张崇德为砥砺后进，将运甓亭改为惜阴亭。亭为砖木结构，高五米，四柱立地，围以栏杆，琉璃宝顶，飞檐悬铃。匾额正楷书题“惜阴亭”三字。与惜阴亭相得益彰的是亭侧的洗墨池。洗墨池原为一椭圆

形天然石池，池底凸凹不平，周长约一丈六尺，水深二尺七寸。值得一提的是，这池水终年不枯，久雨不溢；池面绿荫掩映，蝶飞燕舞。

据说，陶侃当时的寓所就在这个石池附近，勤于政事之余，陶侃珍惜分阴，每天练习书法后就在这个池子里洗濯砚台和毛笔，天长日久，池水不污，却墨香四溢。于是，后人称之为洗墨池。多少年来，它与惜阴亭一起，已成为众多枞阳文人学子心中追逐梦想的圣地。

令人惋惜的是，历尽千年风雨而不倒的惜阴亭，于1938年被侵华日军所毁。而令人欣喜的是，在枞阳各类文化园复建中，陶侃洗墨池和他的“惜阴”故事已演绎为枞阳生生不息的文化精神之一，书写着枞阳的今天和明天。

第三集　辅仁之光

亭寄达观物外情，依稀犹听读书声。
名山同与名人在，千载风光仰古城。
——吴朝晴

2013年4月，中华吟诵协会的一位年轻博士带着几个研究生绕中国跑了一圈，然后一路风尘仆仆地来到枞阳。他们跑遍中国才发现，现在流传在中国的传统诗歌吟诵法，竟然是“桐城派”最后一位大师、枞阳人吴汝纶传播的。越过吴汝纶，当我们把历史的视线聚集到400多年前的枞阳镇，或许正好看到辅仁会馆书声琅琅的情景。

明朝的枞阳虽然已经隶属桐城县，但上码头老城区一直还是文化、商业中心。因为通江达海，与商贸发达、思想活跃的江浙地区一衣带水，相互交融，又同在明朝两京之一的南京都市圈，地域文化上枞阳和

南京应该属于同一个板块，所以学风渐盛，学馆书社林立。其中影响力最大的当属赵鸿赐、童自澄和方学渐开办的“陋巷会”“辅仁会馆”“桐川会馆”，赵鸿赐、童自澄和方学渐以布衣振风教，引领风尚，被尊称为“桐川三老”。

辅仁会馆的创立者童自澄，字定夫，人称静斋先生，生于1529年。他喜欢四处游说，广交思想异端的有识之士，对当时新兴的东南江浙一带的泰州学派十分推崇。

泰州学派是中国思想史上第一个真正意义上的思想启蒙学派，它以王艮等人为代表，发扬了王守仁的心学思想，反对束缚人性，对明朝后期的思想解放产生了重大影响。

于是，童自澄效法王艮，最初结社于永利寺的古道巷，以“良知”为宗，每月召开三次学术讨论会，前后历20余年。万历二十一年(1593年)，在许多文人学子的捐助下，童自澄把书社迁移到达观山南麓射蛟台下，这就是辅仁会馆。

辅仁会馆开创了枞阳学术思想研究的先河，与后泰州学派的重要传人罗近溪、邹东郭、冯少虚、吕新吾、顾宪成、高攀龙等往来密切，汇聚了来自全国各地的名流学者，学术交流异常活跃，成为当时思想界的高端论坛。

事实上，在辅仁会馆的影响下，此后枞阳形成了煌煌十几个文化大家族，譬如方以智、方苞家族，左光斗家族，吴应宾家族，钱澄之家族，何如宠家族，刘大櫆家族，姚鼐家族等等。他们把易学与科学相结合、文学与哲学相促进、中学与西学相会通、考据学与义理学兼用、实学与玄学兼顾，进行多学科交叉研究，对中国文化的家族式贡献，全国罕见。

于是，在这块肥沃的土壤上，“桐城派”的崛起就有着某种历史的必然。

这些文化家族传人后来遍及国内外，影响力不断扩张，直到当代。虽然他们如散落的群星四处闪烁，但无论本家或外族，无论出生、生活、成名于何处，文化谱系关系都绕不开童自澄，绕不开辅仁会馆。

就像岳麓书院影响过整个中国一样，辅仁会馆在中国的文化江河中虽然算不上一座丰碑，但至少是一道壮丽的风景。而对枞阳文化来说，它无疑是一个坐标，把枞阳指向了文化昌盛的乡邦。

在这样的巷子里走一走，我们依稀听到了当年那琅琅的书声……

第四集　北山诗史

长江万里此咽喉，吴楚分疆第一州。
峰色晴开天柱晓，涛声夜送海门秋。
随班坐听趋衙鼓，出郭看收下网钩。
君过枞阳劳借问，射蛟台畔北山楼。

——钱澄之

还是让我们的目光再次回到这座老城吧。

枞阳上码头老城之所以如此受人关注，除了不少的现实原因，更多的还是因为它是一座记忆宝库。从西汉直至明清，它为我们留下了汉武帝射蛟台、陶侃洗墨池、王安石钓鱼台、黄庭坚读书处、童自澄辅仁会馆、钱澄之北山楼、安徽第一所女子新学倪家大屋等等众多的文化记忆，如果我们把这些记忆节点串联起来，正好是一部厚重的枞阳历史，它们无不隐含着某种文化的秘密和梦想。

据说，早年的枞阳老城是有城墙的，很久以前就称作市。城墙依山势水形建造，西门位于连城湖的黄花桥附近，东门在四望亭脚下与今天的“枞川商贸城”之间，南水北山，居民千余家。城内著名的园林楼阁有钱澄之的“北山楼”、易谦的“金茎楼”和钱源启的“苏山”。

钱澄之故里枞阳镇麦元村“荷叶田田”农庄

当年教育家李光炯先生在向朋友推荐枞阳文化胜迹的时候，着重提到了“北山楼”。能让他如此看重，不仅因为北山楼有绝壁流泉、枯树怪石的园林景致，更因为北山楼有着振聋发聩的文化影响。

明末清初之际，社会动荡，文化扼杀。钱澄之生逢乱世，历经劫难，一生创作诗歌文章共270多万字，被后世学者誉为“诗史”。他的易学研究也成为中国哲学史上不朽的名篇。

1668年的秋天，因家里遭遇重大变故，钱澄之不得不离开石矶麦园老家，来到枞阳古镇。在朋友的资助下，钱澄之从一姓陈的商人手中买下了一幢旧楼。虽是旧楼，但稍加修整，居然风物境界大异，楼前是“渚白沙青，雾涌潮光”，楼后是“新绿如染，泉奔有声”，萝薜掩映中恍如神仙洞府，吸引着四面八方的文人雅士。金茎楼的主人易谦是当时比较有名的画家和诗人，年轻时就曾师从钱澄之，日日追随左右，在北山楼作画放歌。

钱澄之一面在北山楼交友授徒，一面著易作诗，他的易学、诗学两书大多就是在北山楼创作而成。北山楼因钱澄之而闻名遐迩，枞阳城因北山楼而名重一时。此后直到钱澄之去世很长一段时间，文人学子还常来枞阳登楼凭吊。

钱澄之住在北山楼的时间虽然不长，但他的弟子门生薪火相传。少年时代的方苞在枞阳求学，就得益于他的教诲，最终成为桐城派的实际创始人。

北山楼在万竹千松之下、芦花浅水之滩究竟屹立了多少年，我们不得而知，就当它连同钱澄之经历的那些苦难和悲壮一起被时间冷冻了吧，假如有一天它重新出现在我们眼前，北山楼一定会出现新时代《北山书院》的读书声。

先生来，北山以不朽。

第五集　枞川夜雨

枞江夜雨势如倾，拂柳滋花尽有情。

几个渔翁趁新水，江头无数棹歌声。

——许浩

枞阳是个多雨的地方，上码头周边又有那么多江河湖泊，它便无法不和水结缘。

枞阳水乡有多美，看一看南明诗人张煌言写的这首《枞阳谣》，也许你就有了一个比较直观的印象：八尺风帆百丈牵，枞阳湖里去如烟。江南米价秋来涨，喜煞桐艚卖稻船。

在长江边，有水的地方都生长芦苇，如果时间回溯到100年前，我们会看到枞川河两岸的芦苇浩瀚无垠、遮天蔽日、蔚为壮观，这样的气势不仅为枞阳的水乡壮色，而且还成就了一个让上码头人休养生息的行业。

那时候的河街应该叫银洲街了，银洲街的居民大都靠芦苇为生。初夏，是芦苇疯长的时候，青翠的芦叶宽阔肥大，是包粽子的绝佳材料。临近端午，银洲街的居民就把青青的芦叶摘回家，煮好，留一些自用，剩下的拿到集市上去卖，换些零花钱。所以每年端午前后，银洲街家家粽叶飘香，隔着几条街都能闻到。入冬是芦苇收割的季节，三四米高的芦苇被银洲街人捆成一捆一捆的拉回家，然后加工成芦席成批出售。实际上，这种情形一直延续到20世纪70年代。

枞川的芦苇年年周而复始地生长着，用纤细脆弱的身姿，支撑起银洲街人沉重的生活负担。

芦苇是银洲街的一部分，是上码头的一部分，但对芦苇情有独钟的竟然不是银洲街的居民，而是枞川的文人学子们。

夏秋时节，芦苇渐渐长成了气势，入夜被风一吹，萧萧瑟瑟，淅沥如雨。

不知道是哪一位枞川的文人学子，第一次将这个风吹芦叶的声音创造性的称作“枞川夜雨”，这真是神来之笔，顿时让贾岛的“川原秋色静，芦苇晚风鸣”逊色了许多。

于是，“枞川夜雨”就成了枞阳一道标志性的风景，出现在此后许多经典诗文中，并且吸引着无数文人雅士到枞阳登楼观江、蕉窗听雨……

其实，“枞川夜雨”是看不见的风景，只能听，是属于心中的风景；只能说，她是一个梦，是前辈先贤用充满诗意的语言阐述的枞阳梦。

湖光渔火，临水人家。眼前这幅枞川夜雨图似乎也充满了梦幻般的色彩，当结构和场面一广阔，我们依稀看到了汉武帝、陶侃、黄庭坚的身影，依稀看到了童自澄、方以智、方文、钱澄之、张煌言的身影……

无数个这样美丽的黄昏，枞阳的文人学子们就站在上码头老街，看长河落日，聆听着“枞江夜雨势如倾”。

上码头不是一个孤立的文化体系，它是“桐城派源头”，是中国文化的一部分，甚至一度走上中国文化的高峰。

在中国传统文化的链接中，枞阳上码头古城是寻找“桐城派源头”绕不开的一处历史坐标。

走在老街的一山一水一砖一石之间，领略岁月的浩渺和沧海桑田，“枞川夜雨”仍然在这流动的花光水影里，吟唱着上码头两千年的风风雅雅……

方苞故里枞阳莲花湖公园一角

竹湖落雁

高　斌

十里春水长，半顷沙洲缓。一湖碧绿的诗意，倾泻在白荡湖的三月，湖水像邻家的姑娘一般褪去冬衣，一半如水一半如纱。那草长莺飞的约定，隐藏了整个季节的窸窣。我又一次回来，站在被春色打扮的河岸，仿佛又听到水浪以及时光拍打着老旧岩石的声音。每一声，都送来一个过往；每一声，都翻越岁月的高处，低回婉转。

我的老家，就在白荡湖西畔，小时候，就是枕着这湖涛声入睡；清早，听着各种棒槌声醒来。白荡湖俨然成了我生活中不可或缺的一部分，滋润着我的成长。每年秋冬时期，湖水退去，西岸的河床完全裸露，便是孩子们的乐园，每一个水凼都装满了童年的故事。抓鱼、游戏，一条条通往湖心的窄路，直到今天我都不知道是不是人工的。冬天以后，湖心长出碧绿的芳菲，一望无垠，我们称它为“包头”，因为它高出两边的河床。小时候，孩子们把牛儿随意地放养着，因为有吃不完的草，然后一群童音放肆地呐喊、追逐、学单车，或者去水边摸几条鱼拣

枞阳江岸芦苇

几根枯草根野炊。鸟儿盯在牛背上，或看着孩子们打闹，赶也赶不走。

一群白色的鸟，时不时会从哪个草丛里起飞，湖边的沙滩上，留下一道道大大小小的脚印。听老人们说，白荡湖之所以也叫竹湖，跟这片水域是有关系的，因为河滩上曾经有许多成群南迁的大雁逗留，在这里补充食物和休整。湖畔充盈的水草、鱼虾，以及广阔的滩涂，成了它们远途最好的驿站，继而留下竹节似的脚印，年复一年，所以又叫竹子湖。我能想象，那成群落地的大雁，该是一幅多么壮观而又深情的景致啊！后来，我渐渐了解，这片湖水和河滩，曾引来许多文人骚客驻足赞叹、点首捋须、吟诗填词。

东晋初年，陶侃任枞阳令，常常在闲暇或凝愁之时去往竹湖休歇观景。那时湖面尚宽，没有今日的圩堤耕地，开阔的湖面，秋风阵阵，芦荻声声。陶侃心怀乡民，清廉施政，忙碌之余难免心思远乡，每每遇群雁落于竹湖休憩，相互照应，而后共赴远途，不免感怀。而后，陶侃在湖边的小山坡上建起一座小亭，这便是观雁亭，这座小山便是今日的陶公山。他时而会邀一些圈内好友共赏共鸣，以解乡愁俗事，便有诗曰："观群雁起落，似约同游；听芦语涛声，共诉怀怨；临风剪烛，举茗赋诗。"我忽然就看到一幅画面，就是在这样的湖边，一群文人雅士，时而高歌，时而沉默；或低头把盏，或侧身远眺。那南雁远去的方向，该是家的方向，是归宿？抑或新的启程？他们品茗野茶，一边叙说高山流水，一边祝福留恋，然后仰天作揖，问何年他乡遇，何日再相逢？我曾经问过家乡的老人，陶公山具体何处，他们带着我在安凤岭的湖边寻找观雁亭的位置，都不似陶公山。在反复的询问里，才知道他们眼中一个不大的小山坡叫"陶个山"，便是陶公山了，据说当年确实是有亭子和一座庙，现在早已荒芜。也许他们不知道，眼前的这座山坡，不仅有桐城八景的"竹湖落雁"，还封存着陶侃建亭观雁的故事。如今，放眼而去，只有遍布坟茔的小山岗。这样也好，或许冥冥之中注定，这里便是故人安放乡愁的地方，看竹湖涛声，看芦荻婆娑，看落雁归来。

我很久没有看到南雁的身影了，因为读书、工作，很长一段时间，不再像儿时那般闲暇与好奇，去追逐那些今天看来似乎很诗意般的举动，或者花一个下午在河边散步、摄影、细数落雁。那些曾经一起嬉闹的伙伴，如今各自天涯海角般散落，再难相聚。只是春节回去，偶尔也会路遇三两旧邻，往湖心河滩漫步，不时按下相机快门，记录往昔的时光；也时常看到他们QQ、微信更新，念那一湖新色，念及家乡情愁。清代诗人张骅，曾在桐城县做过儒学训导，这个职能部门相当于今天的教育局，他才情俱丰，却因不及官第，不能大展鸿志，尽管工作中尚能游走山水诗文，却不免伤感落魄，在竹湖观景有诗：“怅望湖天旅雁过，蒲荒秋水意如何？声从向晚添寒泪，影带斜阳动碧波。月色有情沙更白，芦花无恙夜常和。只疑落后书偏少，不似凌空字尚多。”一个旅雁，一片秋水，一句寒泪，一声有情，道出几多伤感与惆怅！我想，这样的情愁，何尝不似今日的乡愁一般，令人感触。

浪涛远去，草色入画。历史退回河床，南雁还在路上，我们都是旅人，都是夜归人。门口等待的目光，像极这湖清澈的水，夏涨秋退。

枞阳长河“枞川夜雨”

天　空

方洪波

湛蓝的天空，深邃无垠，蓝得没有一丝杂色，与天接壤的是浩瀚的宇宙，一只风筝飞向天空，带着主人的梦想，迎风飘荡。我们这些归乡的游子何尝不是那只风筝呢？父母就是放风筝的主人，亲情就是那条风筝线。飘得久了，飞得远了，那根线是否还能经得起风雨的撕扯和岁月的侵蚀？

周末，难得的清闲，手机响了，一看号码，顿时心惊，是父母的电话——果不出所料，是母亲病了，而且还病得不轻。多年来远离家乡，早已和父母约定俗成，总是我往家里打电话，没有重要的事，父亲是从来不会主动给我打电话的。这些年来，我们都是小心翼翼谨守着这样的默契，因此每当我看到手机上显示父亲的号码时，我的内心总是无比的慌张。

赶快回家，搭上星期天最早的一班飞机，家乡新建的高速公路很快将我带到了父母的身边。父亲早已守在街口，盼望我的身影，母亲总是

方洪波老家的大树

试图努力从床上起来，要在我面前表现出若无其事。坐在母亲的床前，看着身体虚弱的母亲，成熟得快要凋谢的我依然只是个孩子，而瘦弱多病的母亲却依然无比的坚强，正是这种坚强一直给了我生活强大的精神支撑。握着母亲那双干枯的手，可那却是抚在我心头最温暖的温柔；注视着母亲满脸的皱纹和苍老，可那却是我心中最美的笑容。

自少年离开父母独自单飞已有20多年了，虽然少年离家是一个成长的必然过程，而今天的回家却不需要任何理由，父母手中紧握的那根牵挂的线已经足够。其实对一个漂泊异乡的游子来说，从你少小离家的那一刻起，你的心灵就无时不是走在回家的路上。

我的童年和少年弥漫着乡土的气息，都是和父母一起在农村度过的，而今天，我的性情和人生的态度无一不与童年的记忆有关，不排除后来被城市化的可能，但骨子里的一些东西，比如对质朴、纯洁和善良的理解，是永远不可能被异化的，所以我一直为是从农村来的城市人而深感荣幸。

童年的时候总是希望自己快快长大，像那只风筝一样，向往天空的自由，现在想来，那是多么的幼稚呀！如今面对成长有的只是太多的无奈，转眼已人到中年。董桥先生说过，人到中年就是那把风雨中的伞，无论如何都遮挡不了四周的风雨。这句话真是入木三分，也正是我今天生活的写照：看着父母逐渐地老去，与父母重逢的愉悦总是在瞬间就消失不见了。

曾经的我都不曾用心注意到父母对自己的情深义重，他们无私地付出总是被我视作理所当然，从而让我对父母的生活和生命变得麻木；而今天的我终于懂得了这些，但能把握的时间却越来越少。

中年的我才真正明白了父母之于我们的意义，我越来越爱他们，希望他们健康快乐，希望有一点时间可以陪陪他们，我不能让这仅有的一些时间再失去了。陈凯歌在一次访谈中说道："父母是孩子的天。"一句朴实的话深深引起我的共鸣。

是的，我们在生活中常用"天塌下来了"来比喻可以想象的困难和悲伤。天，就是指我们生命中至亲的人，"天塌了"的悲号里可能就是失去亲人的哀伤。天在，才有天意，只有天意才能成全。父母其实就是孩子的天空，头顶一片天，心里才是踏实的。天空再广阔，风筝飞得再高，也飞不出主人的手心；天空再浩荡，我们飞得再远，也飞不出父母的心野。

方洪波老家的古井

浮山，有一朵云

钱叶全

11月4日，深秋。

《方以智》栏目组和汪军、方无、姚尚友等几位桐城派文化研究学者来浮山拍摄文化遗存，拜谒方以智墓。

秋日沉淀，阳光正好。六七部车抵达白沙岭时，约上午10点钟。这里我们春天来过一次，杂草丛生。这次拍摄，乡里安排人清理出一条道来，两旁乌桕枫叶红遍，野菊盛开而温暖。方以智墓坐白沙岭而面东南，胸怀博大。一行人拾级而上时，浮山天空湛蓝，蓝得深邃。“方密之先生之墓”，麻石摹刻，横行隶书，安静如磐。墓旁右侧红枫灿烂，枫叶摇曳。我们集体拜谒时，无人机在上空盘旋。我一抬头，看见蓝天之上，有一朵云彩。

天好蓝好空。我读不懂一朵云彩，云彩在我眼里只是美学意向，在钱澄之眼里，则是方以智照耀天地的火焰。

“东南棒喝正纷然，洞上孤危一线悬。老去示人惟读《易》，年来下座不谈禅。天心已信常冬至，祖意休矜有别传。今日偶然窥见得，教侬何处哭苍天!”

钱澄之写方以智，长歌当哭。钱澄之是石矶麦元人，方以智是浮山陆庄人，同是易学世家，两人共为桐城派之滥觞。《易》中所指，不仅在四百年前，也在四百年后。文化的薪火照亮秋色，照亮江河。这片枫叶，是浮山的薪火吗?

“在陆山庄”离白沙岭不过三五百米。一间颓废的土坯房，木门上有块浮山派出所制订的门牌，上书“浮山镇陆庄组”。问村庄一老者，这庄子为什么叫陆庄呢?答，不清楚。这是四百年后在陆山庄的回答。

摄制组正在拍村庄的瓦砾，几只鸡正奔跑在秋天的屋前屋后。大惑不解正是《易》中寓示，像我不知道方学渐“挽朱救陆”“藏陆于朱”的格物说法一样，不知道者，看看热闹，在浮山吃一餐饭而已。浮山镇中午安排了两桌饭，萝卜烧肉和老鸡汤泡炒米都是地道的乡味菜。席

间，姚尚友先生说，拍摄方以智是个大工程，在南京已拍了一个星期，浮山白沙岭、在陆山庄、行窝石刻都必须拍。

“行窝”是浮山一处著名的摩崖石刻，方以智亲书，与方大镇石刻“野同岩”同在一处。这里是方以智在浮山的家，大地处处有行窝，生命只是飞禽而已。佛云：如人食蜜，中边皆甜。浮山旅游开发，知道人间五味，也不至于过度精明。方以智《通雅》论及天地之情即人间五味之情，“行窝”给人落落脚又何妨！浮山摩崖石刻都在千年的悬崖之上，480余块，在浮山没有一家饭店旅店用石刻名。

汪军先生微信号叫“东西均”，真是有意思。他是皖江文化研究会会长。他说方以智儒释道三门自由出入，融贯百氏，百薪炮庄，大百科集成，天地经纬人物也。浮山饭厅这么好菜，却少方以智一味。方无先生坐在他一起，即诵道：“生今之世，承诸圣之表彰，经群英之辨难，我得以坐集千古之智，折中其间，岂不幸乎！”

“坐集千古之智”，这声音是浮山天空的云彩。

区划调整后，姚尚友先生是枞阳文化复苏的首推者。方园兴建，作为新枞阳的文化坐标，“在陆山庄”正在醒来。继方苞文学奖、朱光潜艺术奖之后，“方以智科技奖”的设立更具有全球性。“在陆山庄”作为方以智奖的颁奖地，是浮山的大梦。

浮山好久没来了，想念。那一年编《浮山摩崖石刻》，补拍图片正逢大雪，万物覆盖，天地一片洁白，那篇后记就叫了《雪》。大雪给我温暖，催生了《浮山摩崖石刻》的出版。

这次来，在“行窝”石刻处，发现了“半月泉”。从中丞岩到野同岩，有一条肩宽的石壁路，只容得一人过，路中间有个半月形石池，直径一米余，池壁凿痕粗粝，年代久远。有水，水如镜。探头细看，池里有秋树枫叶，白云蓝天。好惊奇。拿相机拍时，一滴水从悬崖上滴落下来，池中涟漪起，池中景顿时消失；片刻，涟漪止，枫叶蓝天复现。再拍，再起涟漪，景再失，再复现，真是“壶中天”。想起黄庭坚此处有

2019年央视在浮山拍摄摩崖石刻

石刻“止泓”，心生涟漪，对浮山的草木从来没“止泓”过，哪怕是天台幻境，依然仰望着浮山的云朵。

经云：“虚空无中边，诸佛身亦然。”行窝的半池水，使我看见秋色实相；行窝的一滴水，又使我看见秋色空相。是禅意吗？我不想究竟。浮山只是一轮明月。

第二章 人文郁勃

诗人之窟

文章之府

气节之乡

长江是枞阳的文化摇篮

枞阳文化海纳百川

生生不息

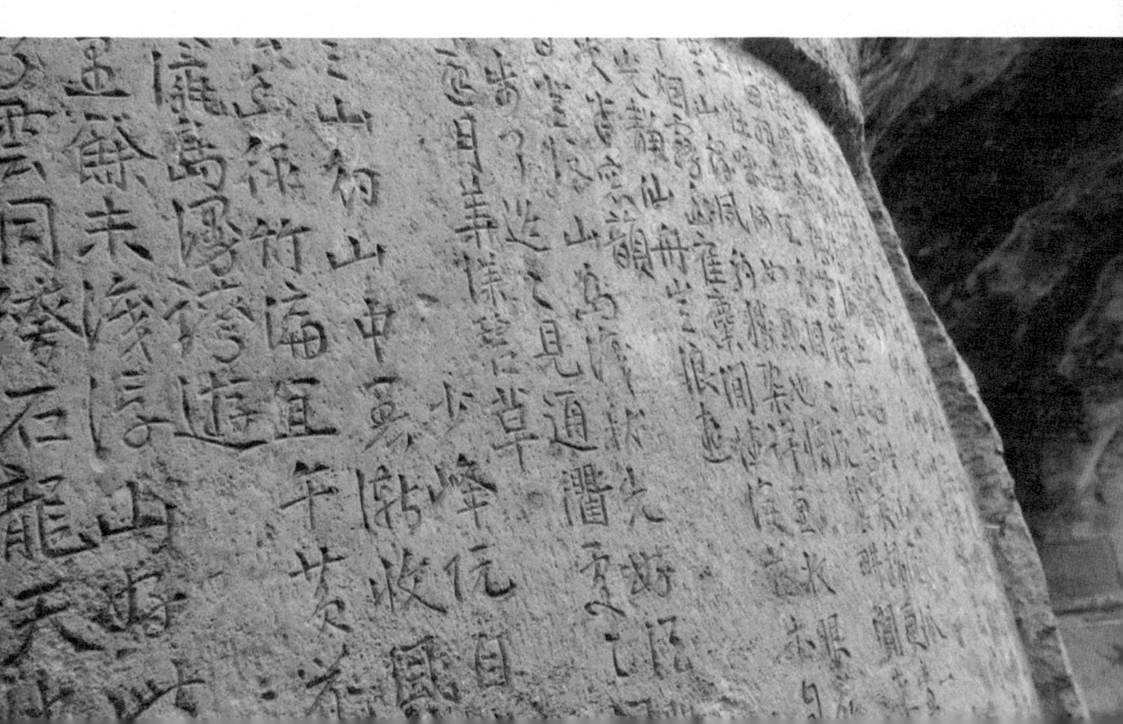

浮山会圣岩千年银杏树

行走枞阳乡间

苍 耳

斯地人文郁勃

古桐城县从地图上看更像一只凤鸟。这片土地自周代就建置桐国，因境内遍植桐树，紫蕊如云。一轮轮楚风吴雨，明霜清霰，斯地人文郁勃，野草不绝，如牵长江而引枞川。在历史之葳蕤枝叶中仍不时闻见凤鸣。到了现代，古桐城一分为二，“凤鸟”的下半身归枞阳，上半身仍归名于桐城，对草民生计并无不便，但就文化地理而言，倒有几分隔膜了。诸如“枞阳出人，桐城出名”这种说法，比较典型地折射了这种尴尬状态。桐城派诸大家确有不少根在枞阳，挂果在桐城，最后叶落归葬于枞阳。倘以凤鸟的目光视之，也没什么大不了的！无非是油桐之与梧桐，抑或桐树之与枞树而已。重要的是风雨如晦之时，仍能奋鸣不已。

从山川大势看，桐枞大地起笔高峻，泼墨而来。且不说西北重峦叠嶂云冠高耸，经中部丘陵波涌显身姿丰美，然后至东南部原野一如巨翅平展；更有桐地大沙河、挂车河、龙眠河、孔城河，汇入南部的菜子湖，经枞阳闸而注入长江。地脉如斯，气脉亦如斯，文脉何曾断绝？

又一个雨季来临了。枞阳友人打来电话，邀我去看桐城派留下来的遗迹，并说那儿新近发现了刘大櫆故居。胃口被吊起来后，欲望便如梅雨中的梅子。

30多年前，我曾在枞阳的江心洲上教过两年书。那是两个遥遥相望的沙洲中的一个，其本质就是孤岛。每到周末，便搭帆船过渡到另一个洲，然后转乘白荡湖轮船回池阳。洲上的农户都很穷，学校也简陋得很。每天晚自习才发电，十点后复归漆黑，代之以蜡烛或煤油灯；没有自来水，衣服搓好后，须到不远处的江湾里漂洗。教室顶头一间，临时辟作单身宿舍，两人住，另外加上不请自来的老鼠们。为此我收养了一只流浪猫，那是一只被火烫伤的跛脚猫，虎斑皮，白脚掌，精瘦精瘦的。在这片恍若世外桃源的地方，穷困、扭曲、倾轧并没有绝迹，它们如同水耗子，从来就不曾受阻于四面环水！事实上，跛脚猫是对付不了水耗子的。我离开那年，它死掉了，因同事喂了过量的小鱼而撑死。这是我的悲哀。我把它埋在江湾的一处沙丘里。棺材是一个装粉笔的纸板盒，尽管薄了点，但它毕竟有了栖身处。在沙丘那儿，它可以与一丛丛芦苇、沙坑里的小螃蟹做伴，还能看到绿鹭栖停的乌暗的舢板，闻到沙岸升起的网罾里活蹦乱跳的小鲜鱼。

朱光潜故里“遗址”

此行的第一个关键词是：遗址。遗址固然仍是“址”，但它的存在已倾圮、荒芜。首站是探访朱光潜故里——麒麟镇岱鳌村吴庄。入村后，发现朱家老宅已不复存。朱光潜堂侄、85岁的朱世青老人指着下面那片青葱的林间，说，就在那儿。在这块遗址上，除了两丈多高的杂树以及密布的阴影，竟找不到任何墙基的痕迹。借助周围的村屋，我还

浮山金谷禅寺

是窥见了它的栖居者，以及恍若从亮瓦上漏下来的薄光。

当然，你可以在遗址那儿往下刨。下面必有柱石，必有碎砖，直至“民国”以及“晚清”。但刨掘不是守护，亦不是敞亮。朱世青老人须发银白，面容清癯，嗓音跟生铁皮似的，好像很久没跟人说过话了。他可能是吴庄最年长的“留守者”。我觉得叔侄俩长得太像，后来看到宗谱中的朱光潜像，同行者也以为然。不过，在宗谱中，朱光潜名叫朱来润，字润霖，上面记载着他与朱熹的血缘关系，追溯下来，朱光潜应为朱熹第26世孙。朱世青没见过堂叔，但他记得朱家老宅正厅有个大条案，上面供奉着祖宗牌位和朱熹画像，两边挂着吴汝纶书写的四条屏，上款题有“海门仁兄先生雅教”，海门即朱光潜祖父朱文涛，可见朱家与吴汝纶交谊颇深。朱世青说了一点从老辈们那儿听来的传闻：朱光潜早年在孔城读高小，脑子并不灵光，后来跌了一跤，狠吐了一回，这一跤跌得好，开窍了。众人皆笑，老人并不笑。

也许遗址可以称得上是固化的“记忆遗骸”，或者是时间碎片垒于其上的虚无建筑。而与遗址相对的，是“现址”。

朱世青的“现址”是一座楼房，里面光线昏暗，堂心正中贴着大红的年画和对联，最炫亮的是墙上的钟面，和桌上的小电视机；最黯淡的莫过于菜坛子和农具了。不难想见，朱世青对堂叔的学术生涯和生存状态完全隔膜。他们原本就生存于不同的空间或块面。堂叔弄了一辈子笔杆子，而他挥了一辈子锄把子。尽管彼此都逃脱不了时代的急流，但经历的漩涡却不尽相同。朱世青在最原始的意义上，从事着大地上最简单的劳作。他肯定没听说过堂叔说过的话："悠悠的过去只是一片漆黑的天空，我们所以还能认识出来漆黑的天空者，全赖思想家和艺术家所散布的几点星光。"但这，并不影响他在风吹草低的旷野劳作的姿势，以及坐在门口独酌的自足与得意。当天空"漆黑"下来时，他仍是那些耕播者和持守者之一，大地因之有了生机和人烟，那"几点星光"也因之有了可照之物。

离开前，我和他在"现址"合影。我忽然想到，这辈子倘不能"散布"一点"星光"，至少不能增一分"漆黑"，否则，不如到乡下挑大粪去！在乡村，"现址"总是与遗址错杂在一起，仿佛活着的人与墙上的遗像生活在一起。更重要的是，在遗址附近，有一大片高过人头的茁壮的玉米地，在低垂的雨云下发出窸窸窣窣的响声。老人显然挑不动大粪了，但经他侍弄的庄稼长势良好。

记起枞阳的雪

桐花落尽，春天临近结束。除了稀疏的雨声，一切都是寂静的，空气湿重得能拧出水来。在"之"字形的乡间土路上，我们的车如同硕大碧叶上的金龟子，刮雨器似乎替代了历史深处的钟摆。

大地苍古、辽阔，河流像一支支幽幽呜呜的洞箫。上午去吴庄时，车半途停下，向导说那便是岱鳌山。但见一片青碧湖水荡向彼岸，那边群山逶迤，于苍黛中偶露赤褐色的奇崖悬岩，好一派峥嵘气象！

接近黄昏时，透过车窗，我瞥见一片杂木林中，有一棵野桐，其干甚直，其枝甚茂，新萌的嫩叶嫣红若江花。寻常所见到的桐树，一般叶子宽大，开白色或紫色的花。我想，桐木是制琴的上等材质，而桐国出产桐油，想必润滑过春秋战国的辚辚车轮。至于枞树，又名冷杉，干茎高大，松叶柏身。古时枞木可作太庙梁材，亦可作击钟之槌。回想我的孤岛时期，那口悬挂在树上的校钟，确乎是用枞木作钟槌的。

记得洲岸上疏疏落落地长着桐树和枞树，春天桐树用紫花或白花迎我，秋天枞树用乱纷纷的黄叶送我过渡。1981年冬下大雪，过渡时没了船，结果只能呆立在洲岸看那天上的雪团无边无际地飘坠。平生第一次目击天空如此悲怆又如此轻盈，无数旋飞的雪团在与亚细亚巨河相触的一刹那，竟然是无声的。其时江心缓缓驶过黑如炭描的拖船，雪团披缀着它们，竟也是无声的。这时你才发现天空也在奔流，一直在奔流，而巨河正从头顶飘若纱幔，无数飞扬的苇絮擦脸而过。苍天有大善而不言，巨河有大悲而不语。那一刻，岸边没有人，树上也没有鸟儿，身后是大块大块的秸秆枯立的酱褐色的棉田，也有小块补丁似的过冬的小麦地。再看那土筑的农舍、榨油坊、屋檐下斜靠的小船儿，以及忽开忽合如同一把黑扇子的灰喜鹊款款飞过……

才雄气肆刘大櫆 | 谢思球

云卷山初霁，维舟县郭旁。
江风吹鬓短，渔火射波长。
鸿雁两行去，蒹葭八月苍。
坐来不觉久，茵席有微霜。

这是刘大櫆的一首五言《舟泊铜陵》。云卷山霁，江风猎猎，鸿雁南飞，蒹葭苍苍，点点渔火里，诗人孤舟泊岸。他并未立即离船登岸，而是在船上坐了下来，陶醉在眼前的秋景里。不知不觉间，茵席上都有微霜了。开阔、旷远、高寒、孤独，这就是刘大櫆这首诗给人的印象。刘大櫆的很多诗都是如此，他的诗很少有那种单纯的吟风弄月，他的诗是挂霜的，有人生的冷暖和生命的孤寒在内。

一直认为刘大櫆的个性和诗文中有江河气象。什么叫江河气象呢？在个性上，表现为痛陈世弊，慷慨激昂；表现在诗文风格上，清新豪

生當為國干
死當為國殤
豈學公卿輩
徒遷兒女腸

錄劉大櫆詩一首

健，波澜壮阔，气势宏伟。清代《国史·文苑传》说："大櫆虽游学方苞之门，所为文学造诣各有千秋。方苞盖取义理于经，所得于文者义法；大櫆并古人神气音节得之，兼及庄、骚、左、史、韩、柳、欧、苏之长。其气肆，其才雄，其波澜壮阔。"一句概之，江河气象就是才雄气肆。

刘大櫆身材高大，美髯飘拂，喜欢豪饮，口大能容拳，常纵声读诗文，音调高亢，声震屋宇。"我家门外长江水，江水之南山万重。今日却从图画上，青天遥望九芙蓉。"（《九子山图》）"我家门外长江水"，这句诗可以作为了解刘大櫆人生和创作的一个重要引子。刘氏祖居陈家洲，与长江只有数里之遥，加上诗人一生漂泊，无数次来往于江上，长江不可避免地进入他的诗文中，并进而影响其个性和诗文风格。再看他的诗歌《题巴船出峡图》中的句子：

巴人万里指东吴，无数巴船一时出。船上旌竿五色明，开头捩柁难留停。中流乱石堆棋枰，狮蹲象伏谁敢撄？却于石罅之字行。其后长年前最能，前者疾视后目瞠，篙著石眼声敲铿。飙驰电掣弓脱檠，旌竿眩转如流星，耳畔索索号风声。是时峡内空无人，举眼惟见烟雾横。鹧鸪啼罢啼猩猩，绝壁倒挂哀猿鸣。猿鸣犹自可，鹧鸪愁杀我。苦向人言行不得，江水无情泪交堕。

描写细腻，字字铿锵，气势磅礴，感情深沉。三峡之险，天下闻名。可巴人为了生计，不得不冒着葬身鱼腹的危险乘船出峡，从事商运。短短数行诗句，将巴人出峡之壮观、之险、之累、之苦，表达得淋漓尽致。"猿鸣犹自可，鹧鸪愁杀我"，猿鸣声哀，但尚可忍受，可鹧鸪声让人想起了家乡和亲人，所以说"愁杀我"。刘大櫆的这首《题巴船出峡图》，完全可以与李白的《蜀道难》相媲美。

刘大櫆出生于书香世家，然家境贫寒，他自述“家住皖江侧，薄田十余亩”，可见其潦倒落魄之境。刘大櫆曾祖父刘日燿，明崇祯辛巳年（1641年）以“宾贡任歙学训导，赴京三月，闻国变回籍”（《陈洲刘氏支谱》），后“卜居合明山，构别业，莳花木”。可能是由于水患，从刘大櫆曾祖父时起，即从滨江的陈家洲迁居合明山麓下的合明山庄。祖父刘甡，字亚瞻。父柱，字个甦，号沧洲。至康熙戊寅年（1698年）刘大櫆生，为第四代。刘大櫆在给姚范诗中云：“老屋百年存。”由此可以断定，刘家周庄现存的刘大櫆故居当是其曾祖父刘日燿所建，乃明末建筑。刘大櫆和其父刘柱均出生于此。

刘大櫆曾祖父是明末贡生，祖父和父亲都是县学生，课读乡里，以教书为业。作为一个诗书之家，到刘大櫆这一辈时，刘家四代都未曾在科举上取得显绩。刘大櫆长兄刘大宾后来于雍正年间中举，授知县，但这是多年以后的事了。刘大櫆自幼负上辈厚望，勤奋苦读。他生于乡村，长于乡村，从小就对民间疾苦有着深刻的体会。清康熙丁酉年（1717年），刘大櫆祖父刘甡侧室章氏以82岁卒。当时刘大櫆刚刚20岁，他作了《章大家行略》一文，可以充分了解他少年时代的家境和乡间读书情景：

櫆七岁，与伯兄、仲兄从塾师在外庭读书。每隆冬，阴风积雪，或夜分始归，僮奴皆睡去，独大家煨炉以待。闻叩门，即应声策杖扶壁行，启门，且执手问曰：“若书熟否？先生曾扑责否？”即应以书熟，未曾扑责，乃喜。

“学而优则仕”，青少年时代的刘大櫆对人生胸怀美好的理想，渴望通过读书进入仕途，干一番事业，为国家建功立业。他在诗歌中也表达出了这种强烈愿望：

“与君俱少年，意气干斗牛。”

“壮心吞涛江，起衰窃自负。千秋与万岁，盛世图不朽。”

——《述旧三十六韵送张闲中之任迦河》

“生则为国干，死当为国殇。岂学凡夫辈，徒牵儿女肠。”

——《感怀六首》

自康熙五十年（1711年）始，名士吴直受馆于刘家，刘家兄弟随吴直从学多年，学问精进。雍正三年（1725年），刘大櫆已28岁，他带着自己的文章，走出家门，到京城去寻访自己的同乡方苞。方苞在读了刘大櫆的文章后，惊呼道：“如方某，何足算耶！邑子刘生，乃国士尔！”在京城做内阁侍郎的同乡吴士玉，也盛赞刘大櫆为“今之昌黎也”，将他比作韩愈。刘大櫆精于八股文，才华出众，可是，他在接下来的几次科举考试中却毫无所获。科举考试每三年举行一次，刘大櫆33岁、36岁两次参加顺天乡试，都只中了副榜。副榜只是正榜之外的一种附加榜示，大约是一种带有荣誉性的肯定，并无实质。3年后，39岁的刘大櫆再次参加顺天乡试，不中。从此，心灰意冷的他不再主动应试。乾隆元年（1736年），方苞举荐刘大櫆入京参加博学鸿词特科御试。这是一个绝好的机会。刘大櫆在省城安庆通过了预试，在《诏征博学赴都道中述怀》一诗中，他兴奋地写道：“闻命只益愧，捧檄仍多欣。”可命运再次同他开了一次玩笑。廷试后，据说，刘大櫆本来已被阅卷者评为合格，却被大学士张廷玉为避同乡之嫌，将他黜落。方苞听说后“愀然累日，顿足长叹”。尽管此后张廷玉对黜落刘大櫆一事感到后悔，但事实已经无法挽回。乾隆十五年（1750年），张廷玉特举刘大櫆参试经学，可经学并非他所长，结果又未被录取。至此，刘大櫆对科举已经彻底失望。对他来说，跻身庙堂成了一个遥不可及的梦想。从此，他开始了自己清贫而艰难的教书治学生涯。

刘大櫆精于八股文，学富五车，在京城文人圈中享有较高的知名度。按理，他屡试不中是不正常的。清代前中期的科举考试还算是规范和公正，加上方苞以及后来张廷玉的推荐，为什么刘大櫆还是连连受挫呢？这当然不是才气和学问的原因。仔细研读刘大櫆的作品，我们可以看出一些端倪。他的屡试不中包括他被张廷玉黜落都不是偶然的，而是与他的思想观念有关。

科举考试，不光要有才气和学问，关键的一点，应试者的文章要合乎执政者的正统思想。不合乎传统的道义礼法，思想过于前卫乃至锋芒毕露者，肯定与录取无缘。

刘师培说，桐城古文家，“惟海峰稍有思想”。与方苞、姚鼐不同，刘大櫆在天道、理学、伦理等方面有自己独特的看法，在一定程度上，他接受了戴震的唯物主义思想。对不合理的社会现象，他敢于一针见血地说出真相。在这方面，他有着戴名世的风范。如他《天道》一文中的观点：

其上之于民，名为治之，而其实乱之；其天之于民，名为生之，而其实杀之。

天下无道，则富贵显荣与道德仁义常分，是故衰乱之世，其达而在上则必出于放辟邪侈；其修身植行，则必至于贫贱忧戚。

似乎不必引用太多了，刘大櫆的思想可见一斑。这是论天吗，这是对统治者打着“天道”旗号施行统治的无情揭露和嘲讽。刘大櫆主张“君臣以义合”“合则留，不合则去”，反对“臣死其君”的愚蠢思想。这些从民本思想出发的惊人议论，恐怕是方苞、张廷玉们连做梦也不敢说的。刘大櫆在科举之路上最终败走麦城，其原因我们大致可以料想得到了。

不过，客游京师和数次参加科举考试，虽然功名上毫无斩获，但刘大櫆的见闻增多了，视野开阔了，对人生和社会的认识也更加深刻了。刘大櫆先后在京师和家乡设馆授徒，借此谋生；后入江苏、湖北、山西等地学幕，助评试卷，品评文章；年逾六旬时被选任黟县教谕，数年后辞职去歙县主讲问政书院；后归乡，居枞阳镇，建四望亭，读书写作，聚徒讲学，培养乡里后辈。他的学生姚鼐辞官归里时，多次前往枞阳拜见先生，当时先生患有足疾，但仍扶杖相迎，倾夜长谈。乾隆四十二年（1777年），姚鼐在《刘海峰先生八十寿序》中，正式亮出了桐城派的旗号。在这篇序中，他引用吏部主事程晋芳、编修周永年所云：“昔有方侍郎，今有刘先生，天下文章其出于桐城乎？”此后，桐城派之名才渐渐广为人知。晚年的刘大櫆生活在贫困之中，到了靠烹蔬充饥、劳人送米为生的境地。但是，他仍然保持着乐观的心态，他在《春日杂感》一诗中写道：“英年意气与山高，转眼皤然白首搔。横槊赋诗才已尽，据床吹笛兴犹豪。”

刘大櫆故居合明山庄位于今横埠镇周岗村刘家周庄。合明山庄基本上属于徽派风格，坐北朝南，三间两进，四水归堂，是一座两层木结构穿斗承重房屋，由院子、门楼、客厅、厢房等部分组成，大门上方加有砖砌门罩。外墙青砖勾白缝，内隔墙为板壁。故居虽没有皖南徽商故宅的那种雕梁画栋，但在这穷乡僻壤，当时也算得上是一幢豪宅了。这里就是刘大櫆出生、生活和学习的地方，至今已有300余年历史。

关于合明山庄，刘大櫆文集中有两篇短文专门描述，分别是《一掌园记》和《缥碧轩记》。缥碧，浅青色。缥碧轩是刘大櫆父亲刘柱读书的地方。短文记道，缥碧轩位于居室之东，“右树以桐，左植以蕉”。因其父“兀坐其间，几席衣袂，皆为空青结绿之色”，于是将此屋命名为“缥碧轩”。后来他的父亲因患足疾，卧榻两年，等病稍愈，再至轩中，发现芭蕉已荡然无存，仅剩一桐。其父自嘲道，芭蕉枯死，“是恶睹所谓缥碧者乎?”意思是说，那棵芭蕉是因厌恶那个“缥碧者”而枯萎的吗?接着，其父又说道：

学以致其道，而闻道者未见其人，求安之心害之也。吾分之所当为，吾求而不得，则虽高堂邃木貌，层台曲沼，其亦何裨?求而得之，则虽在苍烟、白露、圜秽之中，皆以缥碧视之可也。奚必区区于是哉?

长河牧雪

这段话是告诫正在苦读以求功名的刘大櫆的。“道”在高堂，但非我所有，这样的“道”要之何用？“道”在圃秽之中，但我以缥碧视之，亦足珍贵。意即告诫他不必在意那些苦苦追求不到的东西。刘大櫆父亲以家族几代人在科举上的失利告诫其子，顺其自然，随性而生。

乾隆四十四年（1779年）十月初八，一代宗师刘大櫆与世长辞，享年82岁。其墓在今金社乡刘家筲箕地，为夫妇合葬墓。墓碑为他的学生姚鼐于嘉庆四年所立。墓园东临枫树冲，南望白荡湖，西连汤家山，北接鹤岭，视野开阔。山野田园，青松翠竹，先生长眠于此，四野缥碧，足慰平生。

方苞故里

吴福成

2015年春天，一个令人振奋的消息在朋友圈快速传开了，引起广泛关注。原来，为繁荣枞阳本土文化，酝酿许久的“方苞文学奖”正式对外发布。这是由枞阳县政府出资设立，以枞阳历史文化名人方苞命名的文学奖。文学奖的设立，对促进枞阳文学创作，提高枞阳的知名度和美誉度，无疑具有重要意义。

方苞自幼聪明过人，4岁能做对联，5岁能背诵经文章句。不过他的仕途并不顺畅，差点因为《南山集》案丢了性命。都说吉人自有天相，在大学士李光地极力营救下，方苞终于获得皇帝亲笔御批，才得以转危为安，并成为康熙皇帝的文学侍从，后提升为内阁学士，兼礼部侍郎，主编了众多文学志书。他留给后世比较有名的篇章有《左忠毅公逸事》《狱中杂记》《汉文帝论》《李穆堂文集序》等，他首创的“义法”说，倡“道”“文”统一，为桐城派散文理论奠定了坚实的基础。后来桐城派的文论，都是以他提倡的“义法”为纲领，进一步发扬光大的。

说到方苞，自然绕不过去他的故乡枞阳县义津镇高庄村。高庄村2014年被确定为美好乡村建设示范点之后，我的不少同事都去采访报道过，从规划前、建设中到建成后，充分尊重自然，不搞大拆大建，注重个性特色，因地制宜，将本村的自然、人文等条件充分地展示出来，吸引了许多外来团队的参观学习。这让我也心生向往，期待有一天近距离地感受方苞故里的新面貌。

方苞像

在一个阳光明媚的春日，我与几名文友一同走进了高庄中心村。一排排新颖气派的太阳能路灯，池塘碧波荡漾，映照着如画的村庄，白墙红瓦的农家小院错落林立，房前屋后红花绿树交相辉映，赏心悦目的文化墙内容丰富，包括中华民族传统美德、历史、廉政文化等，营造出“一墙一风景”“一墙一创意”“一墙一世界”的靓丽风景。在村部大院，一排两层模样的楼房，几株大树挺拔在院落中间，亮堂的室内，有群众的办事场所，有充电的图书角，也有幸福的休闲一角。村部，不知不觉成了当地百姓的精神家园。尤为可喜的是，当地充分挖掘文化资源，建设了方苞生平事迹展览馆。在这里，方苞的家族、生平、文论以及代表作品都一一展示了，让游客能够全方位地了解这位文学大师。

转身走出村部，沿着平坦的村道往前走，不远处的一个木质小亭子颇为精致。远远看去，题有匾额“凤九亭”。我想起了方苞先生的字有两个，一个是“灵皋”，另一个是“凤九”。当年先生发端于此，饱学经书的他正是从这里雏凤展翅，一举奠定了桐城派文学的鼻祖地位。先生对散文的精要，研究之深之广，后人唯有望其项背了。散文的“义法”和“清真雅正”的要义，如今依然影响着散文的发展，引领着当下写作者要真正做到“言有序、言有物”。走进“凤九亭”，四周那些淡墨色彩的景观墙，地面上新近栽上了些桂花、香樟和刚刚展叶的枫树，还有玫红玫红的杜鹃花，暖暖地正向我们招手示意，我仿佛看到了先生青春年少时正站在小亭里，手不释卷，随风轻吟。

村书记方留民告诉我们，中心村建设投入资金180万余元，完成了村庄道路系统、庄内排水系统的改造升级，排水沟渠硬化、池塘清理整治等工作，并设计建造了一座太阳能微动力污水处理设施、一个500平方米农民篮球场以及一处农民大舞台。我们感叹，美好乡村不仅要有好的规划，更要有好的建设和管理，才能真正改变村民的居住环境，提升幸福指数。

再往前走，是高升村的招商引资企业——安徽松林梅花鹿养殖有限公司。负责人王雪松早些年在上海打拼，积累了人生的第一桶金后回乡

创办了这个企业。王总告诉我们，他目前养的这个梅花鹿效益不错，平均一头鹿一年的鹿茸收成就上万元。他下一步的想法是带动村民一起养殖，给村民提供种苗和技术，以后公司帮助村民对外销售。在深谈中，我们还了解到，王总不仅是一个成功的企业家，还是一名诗歌爱好者。他说自己在学生时代就喜欢写诗，后来因为家庭困难，中断读书，外出谋生，但对诗歌的爱好一直没有丢，并且早些年还出版了一本诗集。面对这样的企业家，我们敬佩之余更多的只能是赞叹了。

据《枞阳县志》记载，方苞故里义津镇在宋朝时叫白杨镇，是枞阳三大古镇之一，也是历史上的水陆交通枢纽和货物集散中心。义津之名始于康熙年间，因这里有一座半圆的石拱桥——义津桥而得名。那时候的义津依托着菜子湖，形成了一个颇具规模的集市，并逐渐兴旺起来。在当时陆路交通极不通畅的情况下，在发达水运的推动下，这里一度商贾云集，商旅不绝，义津桥就是在那个时候兴建的。

这个古镇的兴旺得益于水运，而它的衰落也归于水运。后来，为了减少水患，政府在通江河口新建了闸站，水路交通被堵塞，陆路开始畅通起来。随着陆运时代的到来，它的好景也自然开始消失：水运不兴，货不来埠，商铺凋零，人烟稀落，老街的繁华已经淹没在历史的长河里。时光转到新世纪，随着枞桐公路的兴起，义小路的顺利通车，义津古镇的区位优势逐步凸显。

大师已去，但精神永存。如今，许多当年从这个大师故里走出去的货郎和手艺人都成了商界精英，他们已经带回了资金和技术，在家乡的土地上投资兴业，造福一方。义津镇对老街的开发与保护已纳入了详细的规划当中，争取早日将方苞故里打造成“历史文化名镇”“经济发展重镇”和“服装产业专业镇”。

我们期待大师故里的华丽转身，更期待着与您在大师故里相约。

方学渐、方苞和大小方家墩

陈松郭

大方家墩原名杨庄，明嘉靖年间，方学渐家族原居住在浮山，后又迁居到义津小李庄，因方氏族丁兴旺，资财丰盈，到方学渐这一代，就从小李庄迁出，到枞阳镇买下了杨庄。方学渐和方苞在族谱上是同一远祖的一脉，后来远祖儿子多，又另立了房头，到了明代，他们基本上已分支为两房人马了。

方学渐，明代枞阳镇人，人称明善先生，其人一生推崇理学、性善之学，曾捐金创祠堂、修家谱，不为利名所累，取得明经后就不仕了。他创办“桐川会馆”，讲学四方，曾著有“东游记”和“心学宗”，竭力推崇泰州的王守仁“致良知”学说，立著百万言，其“心学宗”被收录到钦定《四库全书》。诚如清代张英宰相所说：“先生以布衣振风教，食其泽者，代有传人，至于砥砺名节，讲贯文学，子弟孝友，仁睦流风余韵，皆先生之谷诒也（都是先生留下的根本和文化之魂）。”学者朱彝尊这样评价：“方氏门，才之盛甲于皖口，明善先生实濬其源。”（指梳理

和廓清桐城文化），“东南学者惟为帜志焉（被视为桐城文学的一面旗帜）”。方学渐不但是教育家、心性学家，而且还精通黄老之术（医学）、地舆之术（风水）。他死后便命家人将他葬在莲花湖边的烈马攀鞍山上（即今枞阳二中校园内），其墓坐北朝南，前临莲花湖。其子方大镇、方大铉、方大钦均为明代的部级或副部级官员，孙女婿张秉文也是朝廷户部主事，后任山东布政使。特别是方学渐的重孙子方以智，是中国17世纪著名的哲学家、科学家。方学渐这一支族人从明代至今一直居住在大方家墩。

继方学渐之后，方苞的族祖原居住在浮山的方家仓和官埠桥一带，方苞这房族人也兴旺发达，因慕枞阳镇之繁华，便在枞阳买下莲花湖的湖心之地（即今小方家墩）。按照风水学，这湖心之地也是一块吉祥之地，方苞家族就将19世祖葬在此地。当时在下葬挖坟圹之时，地下横有一块巨石板，土工将巨石板撬起之后，只见石板下面盘踞着九条火龙蛇（赤练蛇），九条蛇盘踞在一起，就像狗肠一样，方家认为是个好兆头，故小方家墩又名“狗肠地”。后来方苞家族先后买下莲花湖和周边田地。到了方苞这一代，方氏家族为绅为官者也层出不穷。方苞在做京官退休后，又回到明代的陪都南京定居。方苞告老还乡后，就把小方家墩、莲花湖周边的田地和庐江的租田都卖掉了，变卖所得资金，由方氏后人带到南京的乌龙潭购置田地，兴建了桂林方氏支祠堂，方氏支祠堂旁边是方苞构建的一个四合院，四合院便是方苞养老和著书立说之所。当时明代的朝廷科考设有南北榜，北方考生在北京应试，考中的学子称为“北榜”；南方学子在南京应试，考中的学子称“南榜”。南京设中试，即会试，一般学子中榜皆为举人、贡生。大比之年，南京的方氏支祠就成了方氏子弟和眷属子弟的落脚之地，凡在南京应试的学子吃喝住一条龙服务，方氏支祠实际上已成为枞阳方氏嫡亲子弟应试的招待所，其中也包括眷属子弟。此一惯例一直延续到清末。新中国建立后，南京方氏支祠和方苞的四合院被政府充公没收，但仍有方氏后人居住。1997年南京市兴起老城改造，桂林方氏支祠堂和方苞的四合院才被拆除。拆除后，南京市政府赔偿方氏后裔14套住房，赔偿湖北人3套住房，当时方氏支祠被充公，湖北人被分配居住方氏支祠的厢房，故老城改造，湖北的3户居民也得到赔偿。现在小方家墩已被枞阳县辟为莲花湖公园。

童自澄与辅仁会馆

夫　子

童自澄（1529—1612），字定夫，因指石为师，题斋曰“静”，人称“静斋先生”。据记载，童自澄出生在枞阳县境内的一个叫“道士坂”的村庄。万历年间布衣，毅然志学，尝自言曰：“泰州起布衣，为余姚高弟，彼丈夫也。”遂笃志圣贤，交四方讲学之士，弟子弥众。童亦因交游讲学之士而家道中落，乃“而贫为学”。

明代中叶，中国儒家文化发展到了巅峰，由春秋私学传统逐渐演变的私立书院、讲会制度和社团组织，是当时社会文化的重要形态。学者在社会中讲学身份的高扬，是儒家人物的标志。据《桐城县志》记载：“明初桐城地属畿内，易得风气之先，县人竞相以读书为进取之阶，学风渐盛。”到明代中期，邑人何唐，字宗尧，正德进士，曾官至浙江按察使司提学副使，因不满朝廷腐败，辞官归里后以讲学为业，首开结社讲学之风。清末桐城派殿军马其昶尝谓：“何唐先生勇毅任道，不顾众嘲，风声流播，竟亦克变俗习。吾乡讲学之绪由此起。”尔后，一些学子或因屡试不第，或无意为官，经年研习孔孟之道、经世文章，并四处

游学。其中最有代表性的人物为童自澄、赵鸿赐和方学渐，后来被尊称为“桐川三老”。

童自澄自万历年初，就立社于枞阳镇永利寺古道巷，月三会讲学，以“良知”为宗，前后历20余年，至万历二十一年（1593年）才集资筹款，选择馆址，于射蛟台下建筑学馆，取名“辅仁会馆”。用童先生的话说：“余惟孔子之教，以仁为先，会子求仁以友，为辅仁者，人也。合天下为一人而后可语仁，故君子之当仁与天下共当之。”辅仁会馆大力推举讲学兴教之新风，会馆主要讲授性善之旨、经世之义，并首倡“心学”。一时学者如云，名流汇聚，每会聚不下四五百人。学风大盛，影响非凡。致方圆百余里百姓人家“贫不弃书”，诚为家训。据记载，张英的曾祖父张淳为“辅仁会馆”题匾：“江滨邹鲁”，誉“辅仁会馆”为文化昌盛之地、礼义贤达之邦。还有司理周公曰：一乡善士；工部刘公曰：化行一乡；学台杨公曰：素行可风；抚台周公曰：高士。皆署匾于堂。致馈有差缙绅过枞阳，必临集，父老子弟而训迪之，可见其盛。辅仁会馆后由其弟子钱至立讲学20余年。其时，还有名儒方学渐亦于达观山下创办了“桐川会馆”讲学。两会馆既相互独立，又相互交流、相互促进。

方学渐在《辅仁会馆碑》文中说：“枞阳辅仁会馆，童静斋先生讲学之所也。其地襟江带河，在桐邑之东百二十里，旧为县，陶士行（陶侃）尝为枞阳令。及县徙桐城而枞阳为镇，商贾辏聚。”此外，方学渐还在《定夫公传》中称，“邑侯会稽章公”“豫章南昌黎公”等，常问政于定夫先生，并请他出山做官，先后历15年之久，但童先生均“固辞不允”，日夜孜孜，讲学行道，劬躬殚智而不敢自逸。

童自澄老先生心高志远，大器晚成，在创办“辅仁会馆”时已是64岁高龄。他一生潜心治学、辅人，未及形成自己的理论基础。方学渐这样评价他：“静斋布衣而贫为教，不立文字，非有所震耀，驱迫也。唯一念真诚可贯金石。无论贤不肖，直提本心以醒之。用能浮于有众，枞阳之民半出门下，江之南北咸敬慕之”云云。童老先生弟子钱至立及其子钱澄之称童老先生为“学宗”。

正是童自澄、方学渐、赵鸿赐相继创办了辅仁会馆、桐川会馆等书院，枞阳一地竞相成立的会、社学术团体，还有斗冈、孔川、枞川、金山，讲学之风波及九华、齐山、祁阊、龙舒、庐江等地。也正是盛于明代嘉靖、万历年间的讲学活动，促使枞阳乃至皖江流域在明清时期人才辈出，成为中国文化最发达的地区之一。

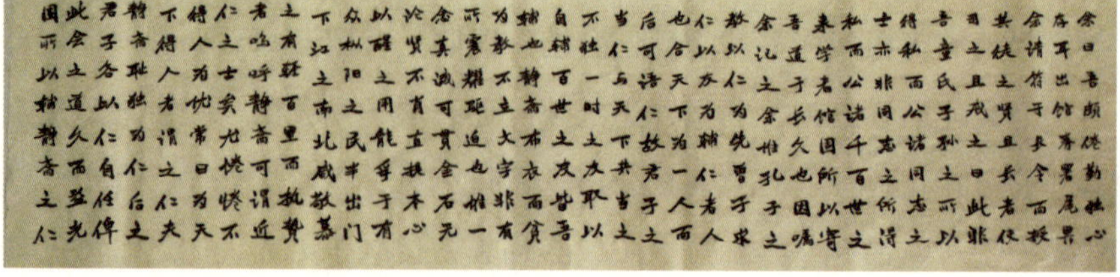

一代宗师姚鼐

左　江

姚鼐于雍正九年（1731年）12月，出生于桐城一个官宦之家，字姬传，一字梦谷，世称惜抱先生、姚惜抱。高祖姚文然，康熙朝官至刑部尚书，为清初名臣。桐城文风昌盛，能文之士众多，姚鼐5岁破蒙，8岁从县城南关树德堂，移居北门口初复堂，与众兄弟一道就读家塾，师从桐城名儒方泽。刘大櫆常来姚家作客，对少年姚鼐印象深刻："我昔在故乡，初与君相识。君时甫冠带，已具垂天翼"。（《寄姚姬传》）

而在《送姚姬传南归序》中，刘大櫆则称"读其所为诗赋古文，殆欲压余辈而上之，姬传之显名当世，固可前知"，对姚鼐称颂备至。

桐城派兴起于康熙朝天下大治之时，发展于雍乾盛世，于嘉道之后大张旗帜，流传者广，继承者众，天下士子莫不心向往之。桐城派以凝练畅达的文风，卓立于清代文坛，成为中国散文史上作家最多、历时最长、影响最大的文学流派，姚鼐功不可没。

枞阳西周青铜器
1996年枞阳县官桥镇前程村出土
资料来源：枞阳县博物馆

姚鼐治学、修史，主张“兼长为贵”“兼收为善”，强调“久则必变”，力求“思效于实用”，他的学术思想具有“兼”“变”“实”三大特点。鉴于学术立场不同，再加上对四库馆日复一日埋头校书的工作深感厌倦，乾隆三十九年（1774年）夏秋之间，在四库馆待了不到2年的姚鼐，称病请辞。到了这年12月，应时任泰安知府的朱子颖邀请，姚鼐乘风雪登临了泰山。在朱子颖的陪同下，姚鼐先登晴雪楼观赏雪景，复登日观峰观看日出，夜宿张峡，因按捺不住的激动，写下《登泰山记》这一游记散文中的千古名篇。

姚鼐文章的最大特色，一曰“韵”，一曰“谨”。其《登泰山记》《游灵岩记》等篇章，静洁精微，明润澄彻，极富感染力。《登泰山记》开头一段，把泰山景致由汶、济二水铺陈开去，寥寥数笔，完整呈现山南山北河流纵横、终归一派的景色。而“阳谷皆入汶，阴谷皆入济”一句，读来尤为铿锵顿挫，韵味无穷。曾国藩曾这样评价姚鼐文章：“举天下之美，无以易乎桐城姚氏者也。”举姚文为“百年正宗”（《欧阳生文集》序），评价非常高。

《登泰山记》单从文字表面看，实写登临泰山的过程及所见景色，以令人“服其状物之妙”著称，但若联系文章的写作背景，却不难发现作者在对景物的实写中，寄寓了自己辞官之后的感慨，挣脱官场羁绊，回归山川自然后的愉悦。在我国历史上，桐城派是绵延最为久远的古文派别，从方苞倡言义法到刘大櫆提出“神气”，再到姚鼐总结为义理、考据、辞章，形成了完整的散文理论体系。

惜抱轩的银杏树，依然郁郁葱葱，但古文大家姚鼐的故居，却早已荡然无存。姚氏十世祖迁入桐城县城后，先后居于天尺楼、雁轩、树德堂和初复堂，后建“惜抱轩”书屋，世人于是以惜抱先生、姚惜抱称之。传说“惜抱轩”银杏树为先生之手植，至今已有200余年历史，树高21米，树冠面积近40平方米，枝繁叶茂，终年苍翠。

站在梅花书院古朴的大门前，不由得感慨万千。

梅花书院在今扬州市广储门外，已有400多年历史，门外红男绿女，车马喧腾。清代书院之兴盛，远胜于宋明二代，康乾之际，扬州有安定书院、敬亭书院、虹桥书院和梅花书院四大书院，以姚鼐执掌的梅花书院最负盛名。这一年姚鼐46岁，正值盛年，主讲梅花书院，事必躬亲。门下弟子常向他请教作文之法，姚鼐感到文法不可以凭空而论，于是着手编选《古文辞类纂》，旨在为弟子提供范本，启示古文写作的途径。《古文辞类纂》将文体分为13大类，即论辩、序跋、奏议、书说、赠序、诏令、传状、碑志、杂记、箴铭、颂赞、肿赋和哀祭，每一类都冠以简要引言，溯源竟流，独抒己见，比《昭明文选》分类更为科学。姚鼐选文，有他自己的一套标准，那就是词必通雅，句必合法，篇章有序，语言有体，以此衡定取舍。凡是不符合上述标准的文章，如佶屈聱牙、堆砌辞藻的骈文和明末佻巧之作，一概不选。姚鼐对两汉文章也有所区分，认为西汉文章高古气盛，较东汉为佳，所以东汉入选远不及西汉的多。从前方苞奉命编辑《古文约选》时，不取班固，姚鼐则将班氏《曲都赋》选入，襟抱较方氏更为宽容。因对六朝靡丽柔弱的文风不满，六朝无一篇文章入选。《古文辞类纂》风行一时，为桐城派树立了散文史的“正宗”的地位，体现了姚鼐的文学主张。这本集子至今仍有很大的影响。

姚鼐44岁后，曾先后主讲钟山书院、梅花书院、紫阳书院、敬敷书院总计40余年，其中主讲钟山书院22年、主讲敬敷书院12年，弟子满天下，门生遍九州。刘声木在《桐城文学渊源考》中开出姚鼐门下长长一串名单，著名的有梅宗亮、管同、方东树、姚莹，世称“姚门四杰”。

嘉庆二十年（1815年）七月，85岁的姚鼐偶染微疾，迁延数月，竟至不治，于九月二十三日卒于江宁钟山书院；嘉庆二十四年十一月初八，与元配张夫人合葬于枞阳义津杨树湾铁门口。

姚鼐终生致力古文创作，“达其辞则道以明，昧于文则志以晦。鼐之求此数十年矣，瞻于目，诵于口，而书于手”（姚鼐《复汪进士辉祖书》）。唯其此，才能取得如此丰厚的创作实绩，成为一代宗师。

尤为难得的是，姚鼐古文虽以平淡自然、风神萧散见长，但不乏胆气，不惮直说。如《原任少詹事张君权厝铭》对当时“两刘相国”的知贤而不言，《张逸园家传》对大学士于敏中的嫉贤，均有所揭露。

而姚鼐的诗名，也常为文名所掩。姚莹在《桐旧集序》中指出，桐城诗风兴于明代中叶，“海峰出而大振，惜抱起而继之，然后诗道大昌”，其诗“精深博大，足为正宗”。

姚鼐的诗早年模仿明“七子”学唐诗，晚年兼取宋人。如《淮上有怀》：“吴钩结客佩秋霜，临别燕郊各尽觞。草色独随孤棹远，淮阴春尽水茫茫。”《大观亭》：“中丞祠倚石崖青，杖策秋风更一经。举目衰林如脱发，几人采菊制颓龄。清江三面舒州郭，南岳千峰皖口亭。落照横天鸿雁起，独凭长啸对冥冥。”等等，充满雄健之气，气象宏大而才调独出。

姚鼐书法亦造诣极深，他初师董其昌，后取法王大令，暮年之书清疏枯淡，气洁神清，运学问之气发于毫端，高致逸气，超迈千古。为宦、为文、为师，悉负时誉；古文、诗词、书画，并称三绝，姚鼐不愧为桐城派之集大成者！

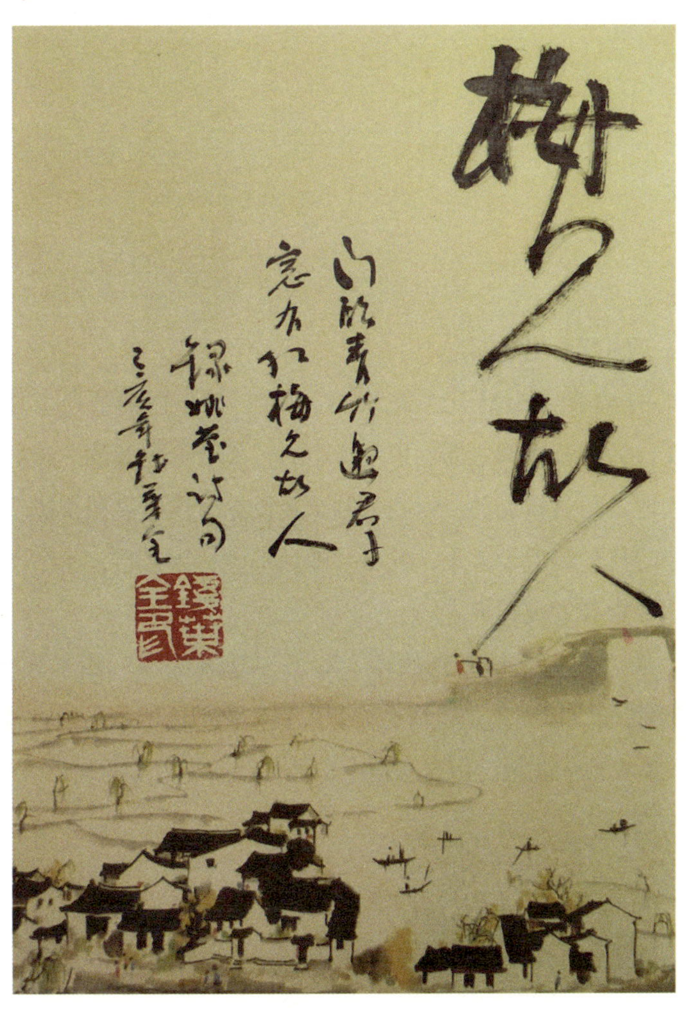

勉成国器

王汉英

就从“国器”二字写起吧。

“器”于春秋，为祭天之鼎，君权神授。祭事中鼎的地位有如神一般的存在，为神权信仰之器。甲午战争后，吴汝纶提及的“国器”仅指国家之人才，与君权无关。封建帝制至吴汝纶时代已腐朽至极，吴汝纶作为封建时代的最后士大夫，发出“朝廷不改，国必亡；士学不改，种必亡”这种振聋发聩的声音。

先生最后的星火是回到故乡，写下“勉成国器”四个大字。“勉成”，有学者研究以为，是晚清吴汝纶先生文化理论的最高峰。我从这四个字里，读出他的悲怆，但这悲怆中，虽有低沉，更多的是还寄有希望。

一

在历史的重要关头，总会有一些气节之士出现，令人感动。忧国忧民的晚清大臣张百熙就是这样的一位。

1900年，京师大学堂（北京大学前身）因八国联军入侵后瘫痪，“管学大臣”张百熙拟聘请京师大学堂总教习，经多方考察后，认为此职非桐城派后期的领军人物吴汝纶莫属。他上门聘请，不料被吴汝纶以“年迈学浅”为由婉拒。为此，张百熙竟不顾自己高官大吏的身份，在吴汝纶面前长跪不起，说：“我为全国求师，当全国生徒拜请也，先生不出，如中国何？”吴汝纶深知，张百熙之跪乃三顾茅庐之诚，不禁老泪纵横。他无法不感动，在风雨飘摇的晚清还有这样的热血大臣？同时，他又不得不忧虑，晚清的政治衰败岂能是一位热血大臣的一次长跪能挽救？

此时的中国，甲午战争后，民族危亡在夕，“西学东渐”由涓涓细流已成铺天盖地之势。旧学与新文化的冲突，古与今的联结，全面而深刻地撼动着文人士大夫的忧患世界。

“益信天下大计，当以作育人才为先”，张百熙在探索，吴汝纶也在探索。

吴汝纶是清醒的，“朝廷不改，国必亡；士学不改，种必亡”。

他看到的是政治与文化的双重危机，他感到担不担任大学堂总教习都是一样的命运，士学之改有着更深的政治背景。

而张百熙不一样，首先他是大臣，他有使命。他既要尽忠，又要救国。

事实上，1900年张百熙就被派到英国担任“专使大臣”。中国的落后，西方的发达，使他深刻地认识到，要改变这种差距，必在士学之改，必在人才复兴。

据说张百熙是个耿直的大臣，曾上奏过光绪帝反对慈禧祝寿的铺张浪费、劳民伤财，但为全国求师，却不顾体面下跪，这一跪是为“旧学淹贯而不鄙夷新知者，仅此一人而已”。

枞阳旗山公园“国器亭”

张百熙对吴汝纶是了解的。

旧学淹贯，吴汝纶是桐城派的最后坚守者；不鄙新知，吴汝纶多年师从曾国藩、李鸿章，获新文化“驱迈之势”，虽守旧学，但张扬新学，是守旧而创新的“国器”之才，是国家的希望，民族的未来。

张百熙之跪，动用了封建大臣的最高气节，吴汝纶百感交集，但是对于晚清的政治，他清醒而洞悉。

他不得不采取了另外一种方式，应聘而不到岗，他把目光投向了日本，走上了赴日考察学制之路。

他想到的，绝不仅仅是张百熙的求贤之举，而是“跪拜”的反义词“站立”——一个民族的“站立”。

二

“不战而屈人之兵”，是中国兵家的杰出智慧，但一个弱国，说不起这句话。兵者，国之器。事实上，大刀长矛在坚船利炮面前不堪一击。

2016年秋，我第一次来到吴汝纶先生的故居——枞阳县会宫乡老桥村一个普通的村庄。泥泞的小路边野蒿摇曳。先生身后的故乡，是菜籽湖畔。

故居很简陋，一棵百年的老枫树，一口村民用水的门口塘。

村民们见客人来，很热情，拿着碗筷跑出来，指着一处破旧的老屋对我们说，吴汝纶旧居的屋基就在这里。三进，大门对着门口塘。

先生旧居的样子，在我的想象里停留，但，此地已无迹可循，仅有那棵百年的枫香还在。

也是在这一年，有三位将军来到枞阳，他们得知枞阳是方苞的故里、吴汝纶的家乡后，均挥毫写下了“国器重镇，文化故里”八个大字。

百年前，吴汝纶题“勉成国器”，面对的是风雨飘摇而悲怆凄凉的国难；百年后，三位将军题“国器重镇”，意味深长，字字千钧。兵者，诡道也。崛起的东方大国，写下“国器”二字的绝不仅仅是将军手里的一管毛笔，而是祖国怀抱里的大国之器，剑指苍穹。

三

夜色，笼罩着百年前的旧中国。

在夜色里，张百熙何以就看出吴汝纶能够成为挽国难之危亡的“星光”?

吴汝纶的家乡在桐城（现今枞阳县)。

吴汝纶出生时，“天下文章，其在桐城乎”的说法已流传百余年，乡邦文化的基因在血脉中流淌。“桐城派”形成于雍、乾，极盛于嘉、道，绵延于同、光，笼罩文坛200余年。桐城派以方苞开创，刘大櫆中继，姚鼐集大成，“学继程、朱，文崇韩、欧”，以义理、辞章、考据为文章经纬，成为文章之学，对士风、学风、人心、教化、社会发展、政治秩序安排“以文载道”，使桐城派之名成为“天下文章”。

先生长在这样的文化环境里，对乡邦古文传统耳濡目染，充满着敬意，曾说:“吾县文学，耸德圣清，渊源所渐，自方侍郎。韩欧之文，洛闽之蕴，并为一条，坛宇维峻”，以家乡文学为清代之冠而引为骄傲。而家乡文学的圣哲之精神，他一直认为是“中国斯文所系”。

即使在民族危亡之际，他仍以乡贤姚鼐为文化精神信仰，说：“《古文辞类纂》一书，两千年高文略具于此，为六经之后第一书。此后必改西学，中国浩如烟海之书，尽可废去，独留此书，可令周孔遗文绵延不绝。”把《古文辞类纂》视为“六经之后第一书”，足见他对桐城派经典的偏爱。对桐城派的古文价值体系，他不仅虔诚地维护，而且推崇桐城古文的气清、雅洁、老确之境，他认为：“夫文章之道，绚烂之后，归于老确矣。望溪老确矣，海峰犹绚烂也。”

“学邃者，其气归于深静，其文醇以厚；学未至者，其气稍显矜纵，其文闳以肆。以驰骋之才，纵横之气为文，不可言醇厚；醇厚之文，非淘尽矜纵之气，归于深静之养者不可为。”

这种乡邦文化基因，始终未曾改变。他一直认为，“以吾衰敝，当彼上升，吾之法必当有所变，但吾以儒立国，儒家立国之本，不可动摇。”

四

然而，作为传统文化的坚守者，他遇到了更大的痛苦，那就是甲午战败。

甲午战争打破了中国人的理想之梦、自强之梦，战争的巨额赔款加深了中国殖民地半殖民地的程度，并引发了帝国主义瓜分中国的狂潮。

“要救国，只有维新；要维新，只有学外国”，成为全民族的共识。

西学的介绍与引入，以前所未有的声势席卷中国，政治变法也在如火如荼地酝酿进行之中。

吴汝纶的思想发生了深刻转变，“天下多事，吾辈沾沾于此，真乾坤腐儒也”“今外国之强大者，专以富智为事，吾日率穷且愚之民以与富智者角，其势之不敌，不烦言而决矣。而所以富智民者，其道必资于外国之新学”“无人才，则无中国矣”“窃谓中华黄炎旧种，不可不保，保种之难，过于保国。盖非广立学堂，遍开学会，使西学大行，不能保此黄种”“国力极弱，由于上下无人。人才之兴，必由学校。我国以时文为教，万不能保其种类，非各立学堂，认真讲求声光电化之学，不能自存”。

先生“教育救国”的星光，正是在这种背景下穿透漫漫夜色。我一直在想，对先生来说国难的撕痛比文化坚守的撕痛更加惨烈。

万顷云涛玄海滩，天风浩荡白鸥闲。
舟人那识伤心地，为指前程是马关。

这是吴汝纶的诗。

考察日本学制后，途径马关条约签字地，日本人别有意味地请他留字，他悲怆地题书：“此为伤心之地。”京师大学堂是最后的星光吗？作为桐城派的“深静老确”之人，他的痛楚是在“西风残照”中。

幸运的是，他看到了《天演论》。

五

《天演论》为严复所译。

严复是甲午战争后，中国从事翻译介绍西方学术著作的第一人。

“苍茫古意浩难收”，严复与吴汝纶是知音之交，以俞伯牙和钟子期相喻，在与严复的交往中，吴汝纶感到了自身的文化危机。

而严复也感知到，像《天演论》这部西学思想精髓的著作，如果要得以在封建统治的士大夫阶层传播，以吴汝纶身望和影响力，当是不二人选。

其后，吴汝纶为《天演论》作了序，严复翻译完整本书后，《天演论》中国版本的一问世，便反响巨大，让当时处于“知识饥荒”晚清乃至以后的旧中国知识界如获至宝。

青年鲁迅初读《天演论》，也爱不释手，曾在文章中说“仍然自己不觉得有什么不对，一有闲空，就照例地吃柿饼、花生米、辣椒，看《天演论》”。

六

在吴汝纶看来，中国变法图强，必须从改革教育制度入手。光绪二十八年（1902年）五月一日，吴汝纶率队出访日本，正式考察学制。

事实上，在国内吴汝纶的思考就在“弃官从教”的实践中开始“教育救国”的理想萌芽。光绪十四年（1888年）张裕钊转任江汉书院教习，莲池书院山长出缺，吴汝纶找到李鸿章，要求辞去官职，接任莲池书院山长之职。光绪十五年二月，在李鸿章的关爱下，他正式聘任莲池书院山长，开始了教书育人、修身治学之路。在莲池书院，他首创东西两学堂，聘英国、日本教师授课，引导学生学习欧美、日本等国的先进科学知识，前往保定拜师授业。他在与外国学人的切磋交流中，深切地认识到科教兴国的重要性，“师夷长技以制夷”，他一直呼吁：“窃谓废去时文，直应废去科举，不复以文字取士”“非刻科举，重学校，人才不兴”“教育与政治有密切关系，非请停科举，则学校难成”“今方开倡西学，必以算学为开宗明义第一章”“学堂之中，要尽量减少中学课程，增加西学课程，西学除博物、理化、算术、政治、法律以外，则矿山、铁道、税关、邮政、数事为最急，海陆、军法、炮工、船厂次之。”

在日本，他受到了明治天皇的接见，各界名流对他的到来更是欢迎备至。他在长崎、神户、大阪、西京、东京等地，在日本外部省、文部省官员的陪同下，参观考察了小学、中学、大学、师范、商业学校、医科学校、职业学校等各类学校，并与日本学界人士进行了广泛交流。三个月后，他起程回国，对于在中国开展新式教育已有了整体思考，但清廷已令他彻底失望，他终于没有回京，而取道上海，直接回到故乡桐城。他将日本之行写成《东游丛录》，此书作为中国最高教育当局派员访询日本明治维新以后教育制度的第一份调查报告，被吴汝纶派人送到张百熙手中，算是完成了出访使命。

在家乡，他真正开始实践他的办学思路。他撰写了一系列办学宗旨："全国各省、府、县都要分立大、中、小学堂""一县不可止立一学，各乡皆须立学"，"学堂愈多，愈能收效，不宜化多为少""普国人而尽教之，不入学者有罚""先立师范学堂，取成学之士，延外国教习"……

桐城学堂就是他的实验田，除了延聘当地名流任堂长、教员外，他还从日本请来了早川新次等外籍教师。并亲笔撰写了那副著名的对联"后十百年人才奋兴胚胎于此，合东西国学问精粹陶冶而成"，横批为"勉成国器"。

最初的桐城学堂是借安庆武备学堂为校舍，两年后迁回桐城，改名为桐城县公立中学堂。学堂办成了，然而忧患之中，吴先生却积劳成疾，于光绪二十九年（1903年）新春正月溘然长逝。其后不久，新文化运动发起，白话文取代了文言文，桐城派作为古文流派也结束了它的历史使命，成了中国文学史上的一页教科书。

"合东西国学问精粹"，这是一个桐城派后期代表人物吐故纳新，自觉接受外来文化的最好例证。百年之后的中国，吴先生当年"普国人尽教之，不入学者罚"的全民教育思想已成为现实。

七

位于会宫镇老桥村的“吴汝纶纪念馆”

2016年10月，枞阳县会宫乡老桥村修建了“吴汝纶纪念馆”。

2017年9月，我再次来到吴汝纶故居。

2018年5月，我来到“吴汝纶纪念馆”。

我找纪念馆接待人员要了几份详细的资料留存，也许要放几个月时间，也许很久，及至今天贸然动笔，还是忐忑。我从先生展示出来的“外部的世界”而进入“内在”，岂是易事？

先生的馆展中，有一封家书：“作官之钱，皆取之百姓，非好钱也。故好官必不爱钱……读书不知此，用书何为?!”

一百年后，乡村小学书声琅琅。先生的那棵枫香清风飘荡。

第三章　山水乡音

母亲谣响起的时候
山水安静下来
村庄安静下来
古老的歌谣里
养育着枞阳儿女

枞阳官埠桥老桥

枞阳母亲谣

周 海

“小伢子要困觉，呵——喂——呵……小伢子要困嘞，呵——喂——呵……”

孩子睡在摇床里，一睁眼，听到的就是这首母亲谣，看到的就是上方一小块帐子大小的天空。

谁没有睡过这样的摇床？——主体是竹子做的，床脚木质，育成弧形。随便握住床柄、床头，甚至将脚搭在床脚上，就可以摇起来。

“小伢子要困觉，呵——喂——呵……小伢子要困嘞，呵——喂——呵……”

谁没有听过这样的母亲谣？音阶单调，旋律单调，而内容翻来覆去的也不过这一句话。

“小伢子要困觉，呵——喂——呵……小伢子要困嘞，呵——喂——呵……”

这首母亲谣什么时候传下来的？不知道，每个人都是听着这首歌谣长大的。也许，村庄有了母亲，母亲有了孩子，这首母亲谣就诞生了，就流传了。

“小伢子要困觉，呵——喂——呵……小伢子要困嘞，呵——喂——呵……”

母亲谣是女人的专利，母亲的专利。继承了母亲谣传唱基因的女孩，当她们即将成为母亲的时候，母亲谣的旋律就像乳汁一样在身体里渐渐孕育。而当孩子呱呱坠地的时候，母亲谣也就像乳汁一样自然而然地喷涌而出。

生命的成长是母亲谣流传的介质，从母亲那儿听来的歌谣，自己的孩子将继续听。

“小伢子要困觉，呵——喂——呵……小伢子要困嘞，呵——喂——呵……”

偶尔，也有男人哄孩子睡觉的时候。男人只是摇着摇床，一动不动地注视着孩子。

女人唱起母亲谣的时候，一定在男人心里激起了某种温情。

因此，那旋律也一样在男人心里回荡。

女人和母亲合二为一，传递着生生不灭的母爱。

“小伢子要困觉，呵——喂——呵……小伢子要困嘞，呵——喂——呵……”

天空在摇床的上方摇来晃去，日月星辰在摇床的上方摇来晃去。一睁眼，太阳摇走了，月亮来了；一闭眼，白昼摇走了，夜晚来了。

“小伢子要困觉，呵——喂——呵……小伢子要困嘞，呵——喂——呵……”

多少年过去了，故乡的草房换成了瓦房，牛车马车换成了卡车、轿车，唯有这摇床，和过去一样。这歌谣，也还和过去一样。

母亲谣响起的时候，一霎间，世界也安静下来，与村庄一起专注地谛听这首古老的歌谣。

——这传唱了多少年的母亲谣，注定还要继续传唱下去。

“小伢子要困觉，呵——喂——呵……小伢子要困嘞，呵——喂——呵……”

母亲的“指望”

方锡球

母亲去世30多年来，我没有一篇文章写到她。不写，是因为母亲遭受的苦难无法用语言表达；想念母亲时，内心波澜也难以让我写出东西来。

母亲从我上小学时就有了“指望”。我七八岁时，她告诉我，只要我们读书，过上好日子，她就有指望了。那时，她凌晨即起，做好家务，然后去生产队挣工分，虽日日疲倦而状态极好。这样的“指望”一直支持和鼓舞着她的生活信念。我刚考上大学时，她的“指望”有了些微的变化，变得更加具体了。她的愿望是等我大学毕业，能在镇上工作，娶了老婆，有了孩子，她帮助我们带孩子，去镇子里过上生活。

有了这样的“指望”，母亲自然希望我能够体面一些。我接到大学录取通知书以后，要面子的母亲几乎想尽办法，给我置办了缎子背面和全棉的被里，并将倾家荡产积攒的100多元钱塞给我。父亲则用扁担挑着母亲准备好的木箱和棉被，将我送到镇上的车站。我上大学之后，母亲又有了新的目标。一是攒钱给我零花。1982年冬天，她给我寄棉鞋，我收到后打开包裹，鞋肚子里居然有5块钱的毛票，每张一角，共50张——这是卖鸡蛋积攒的，那时鸡蛋5分钱一个，需要100个鸡蛋。而她即使过节，也不会吃一个鸡蛋。二是要给我买一块手表。在她的经验中，凡是吃商品粮的人都带着手表。果然，第二年她卖掉自己养了一年的肥猪，等到新学期开学，她将120元钱塞给我，让我买当时最体面的手表。这块手表我早已不用了，大学毕业30年聚会前，我将手表从书桌抽屉拿出来，上紧发条，它还能够转动起来。当我将它放回抽屉，不由得就想到有母亲的岁月是多么温馨。

母亲的指望，也包括她自己有能力爱我们兄妹，让我们能够尽量快乐。小时候，我能帮助母亲的就是去代销店用鸡蛋换盐。有一次，傍晚时分，母亲让我拿着三个鸡蛋去换盐。我匆匆拿着鸡蛋出门，去代销店换好了盐，出门时已经雨狂风骤，吹得我站立不稳，全身淋水，左右摇摆着在田埂上往家的方向走。这时，风雨迷茫中，母亲来到我的身旁，拉着我躲到田埂的背后，以防我被狂风刮走。待到雨稍小，风力稍弱，她背着我回家，换衣，烧姜糖水给我驱寒。那时的农村，一年就那几两糖，母亲都是在关键的时候拿出一点，她自己则几年都不会喝一口糖水。逢年过节，特别是过节，家里买不起肉，母亲只是用两三个鸡蛋，做出美味的菜肴来，全让我们兄妹几个享用了，她往往沾不上边。记忆中她是连汤也喝不上的。就在我们大口吃着这些她费尽九牛二虎之力做出的饭菜的时候，她看着我们，露出的是欣慰和内疚之情。

母亲指望我们过好日子，她自己却没有过一天的好日子。我小时候，她生病，为了省钱，都是硬撑着。实在爬不起来，就让我到公社卫生院请来医生。我那时也就几岁，跑到几里外的公社卫生院，找到医生，医生一般都会背着药箱，来到我家，给母亲诊视，我再和医生一道，回到卫生院拿药，有时医生也和我一起再一次回到我家给母亲打针。如今，这些已经过去近50年了，我心中挥之不去的就是母亲生病的样子，以及生病吃过药就爬起来出工的辛酸。

母亲对我们的指望来自她幼年的苦难生活。母亲自幼父母双亡，靠着叔父们接济度过童年岁月。遇到不景气的年份，叔父们家境困难，只有五六岁的她只好去周围村子要饭。七八岁时，解放军过江，她经常去部队营地，士兵给她一些吃的，有位好心的军人还给了她一件大衣，太长了，不能穿，只好给了她的小叔父。每当回想起母亲经历过这些虐心的体验，我都情不自禁地泪水涟涟。

1984年底的一天，天气不冷，中饭后我打算到教室看书。门卫托外班的一位同学找到我，说我有一封加急电报，是母亲病重，要求我速归家里。带着母亲给我的用剩下的二十几元钱，急急忙忙地跑去长江码

枞阳羹脍赛公园一角

头，当时已经没有轮船到我家乡的县城，只好买到去安庆的无座票。到安庆时，已是深夜，我下了码头，居然遇上到县城的车，下了车，我跌跌撞撞地走了三十几里路，远远看到家里灯还亮着，我哭了。离我大学毕业还有半年，在她的“指望”即将实现时，她却离开自己的儿女，走了。

从此以后，我过的是没有母亲的岁月。亲爱的母亲，您知道这些年来儿子一直在思念您吗？

听风射蛟台

刘东宏

我惊动了大风？

在犹豫很久之后，我还是在火热的黄昏里，穿过一条逼仄杂乱而意境全无的巷子，沿着曲折的台阶拾级而上，来到了射蛟台，大风骤起。

大风起兮云飞扬。这是汉武帝的大风，或者说这是汉武帝登临射蛟台时的大风吗？大风呼啸，在辽阔而空旷的天际之中犹如万马嘶鸣，奔腾驰骋，似乎要惊醒这沉睡的山峰，以及山峰中一个久远的历史之梦。历史是无法触摸的，我想，纵使不能触摸，但却可以遥想，可以回忆，可以聆听，射蛟台已经渐渐浸润在我们的记忆和文字里，这足以让人领略到往事深处的寒冷与凄凉。

风声，是历史遥远的回响？落日，大风，一个人在黄昏中独立。身处这样的氛围之中，心情的惆怅在风中越吹越长。我知道，大风不是因我而起，或者说我登上射蛟台遇着了大风，只是一个偶然的巧合而

枞阳汉武阁秋色

已。我只是尘世中一个行色匆匆的旅人，在旅途中不断寻找着关于意义的地方。

一个人屹立在峰顶之上，仿佛一个人在天地之间独看苍茫。到达射蛟台，我是来寻找那个古老的故事，一个令人荡气回肠的传说，它传颂着阳刚的雄健，力量的神武，为民除害的气概。大风劲吹，仰望空中云卷云舒；衣袂飘舞，俯瞰山下叶飞叶落，心中徒然升起一股磅礴大气，恍惚里有了一种重任在肩的感觉。可是我一介书生能做点什么呢？

透过大风的苍凉，透过历史的沧桑，遥想汉武帝当年千骑浩荡，在射蛟台上射杀恶蛟的往事——恶蛟射杀了吗？信，又不尽信。我看见水害又在威胁并涂炭生灵。迎风而立，不觉便想在这旷世的风中挥动一双苍白的手，拉一张满月的弓弦，对着江中的恶蛟，作一次痛快淋漓的射杀，让它们在我如蝗的箭矢下死伤殆尽。

落叶飘零，往事如风。大江浩淼，远树如烟，村舍屋宇隐在暮色四合里犹如一幅远古的画。近看射蛟台，我已无法觅见汉武帝射蛟时留下的足印，只有两块很平常的石碑上的模糊的文字，依稀地告诉人们这个山峰曾是汉武帝射蛟的地方，它们并肩站在低矮的屋檐下，让人容易想起倚门的乞丐，寄人篱下的弃儿。山居的人家在大风之中紧闭着门窗，几只母鸡在避风的角落里悠闲地迈着步子，做着上舍前最后的徜徉。这就是射蛟台？我相信，却又无法相信。

一个人站在射蛟台上，孤独如风。寂寞在风中随着夜色无边地弥漫开来，我感受到了一种来自时间深处的孤独与清贫。这种孤独与清贫既属于此时的我，也属于射蛟台。山下，繁华的灯火已如花竞放，缠

绵的歌声隐约而来，然而华彩与旋律却是属于别人的。在如此悬殊的反差之中，我看到了从山下到山上的距离，它生硬而真实；或许距离会产生美——但生硬而冰冷的美却让心情无奈而复杂。

射蛟台听风，临风无语。我深思着：是历史抛弃了我们，还是我们忘记了历史？

历史是看不见的，但它存在于我们的口语中、文字里，为民除害的射蛟台是会被记住的。因为历史一旦记下，便无法抹去。

告　牛

方和平

农历乡下春初的二三月间，微风的清晨，爱早起的人，除了感受到丝丝凉意，看到薄薄轻纱似的雾气，听到清脆婉转的鸟叫声之外，先前还会经常听到这样一种声音：“走沟里——照沟走——牵之走沟里——撇之走沟里——牵之上拐——哇——！”

这样的声音，现如今已经极少听到，但并没有绝迹，偶尔也会响起。以前的清晨，有时候会有好几处，同时在不同的村庄地头响起，嗓门不同，吼叫的内容都一样。

它响亮、高亢，带有乡农的野性味道，又有教书先生的那种严厉、肃然、威重，那就是乡下用牛的老把式在驯牛。

在我们这里的乡村，驯牛，让它遵从人的意志去耕田耕地，叫“告牛”，也叫给牛“开告”，像新生入学叫“破蒙”一样。真正意义上的“告牛”，是很有技术含量的一件农活，虽然只有简单的几个动作，却并不是人人都会。一个村子大概只有一两个告牛的行家。一般人虽说也能

将就着把牛“告”会，但是与行家所“告”的牛是没法相比的。一般人“告”出来的牛拗里拗巴的，不好用，行家“告”出来的牛，谁用着都顺手，这里有老大的区别。

上等告牛的农人都很清楚牛的秉性，他们在给牛“开告”之前，要对牛进行一番仔细的观察。一般来说，牛在一岁两个月到一岁半，经过三个“社日”，穿好鼻子装好牛拳之后，是最佳开告时机。黄牛水牛都差不多，但是水牛起码要够上三尺二寸身高才行。黄牛身材可以小一点，但也要看牛的身子骨可结实，柔弱一点都不行。有经验的人会从后面将牛猛地一推，牛很快站稳，就说明这牛可以“开告”了。

准备工作是从选地开始的。

“告牛”的用地最好是沙土地，松软一点，又不能太松软，也不能太板结。太松软，达不到“告牛”用力拉的效果；太板结，相对很小的牛是拉不动的。

再就是牛轭头，牛轭头不要太重，柳树的最好，牛链子也要轻一点的。先在牛的肩膀上套上牛轭头，牛轭头下面用麻辫向两头扣住，两条牛链钩子分别勾住犁攀的两边小槽子，犁攀与牛后脚的距离以牛脚走起来不触碰为宜。

这些做好之后，还有一项重要的小事要做：必须在牛拳的左侧细的那一边吊上一个小秤砣，还要拴上一根杵杆。最上等的杵杆就是手车水车上的车拐子，前面正好有一个圆圈，和秤砣拴在一起，后面有一个小把子，由一个人在前面握住，掌控牛头的高低。犁地的时候，牛头是不可以昂得太高的，昂得太高，牛肩膀就用不上全部的劲，飘的。要贴着地半尺以内。所以，“告牛”至少要两个人配合，而且要默契，才会达到最佳效果。

一切就绪，“告牛”从天蒙蒙亮开始。

告牛人右手扶犁梢，左手牵住牛绳子并握住牛鞭子，随着很响亮、很长、很夸张的一声“呔嗤——”，小牛就在前面导引人的导引下缓缓前进。第一圈犁过来，告牛人开始不断喊叫：“走沟里——走沟里——走沟里——照沟走——照沟走……”。

到了向左拐弯，告牛人便向左拉紧牛拳上的绳子：“牵之——牵之上拐——牵之走沟里——牵之——牵之上拐”地重复着大喊，牛在绳索牵引下会不自觉地向左转。

同样的，向右转向的时候，告牛人便一边抖动牛拳上的绳子，一边不停地大喊“撇之走沟里——撇之——撇之走沟里……”前边掌握杵杆的就牵引着牛依照告牛人的意思向前走。若是想让牛停下来，告牛人便大喊“哇——”前面人便让牛停下来。牛要是不走的话，告牛人便用鞭子在牛背上用力地抽一下，牛会负痛继续向前走。

第一个早上，告牛人是一刻也不停地喊叫，规矩是告完三分地的样子。

第二天早上，还是老调子重弹。告牛人的喊叫声比头一天要稀疏一点，“走沟里——照沟走——”“牵之上拐——牵之走沟里——”“撇之——撇之走沟里——”“哇——”……

到了第三天早上，杵杆和秤砣依然还在，只是掌控的人已经可以让牛自己做一大半主，稍微适当地纠正一下就行了，告牛人不再像第一天那样声嘶力竭不停地叫喊，而是有节奏的“呔嗤——”或“特嗤——”，口令声渐渐稀少，人和牛都似乎有点渐入佳境了。

第四天，告牛人开始撤去秤砣和杵杆，前边的人也不用了，牛已经基本听懂口令，只是常常走出沟外。直到一个星期后，一头小牛基本上初告成功。也有的牛很聪明，老告牛的人说，一两个早晨有的牛就告会了。“告牛”期间，一般会给牛饲料里加一些豆饼之类的精饲料。

开始用初告会的牛，那是要有经验的用牛农人。他们接手之后，初告的小牛会渐渐走得纯熟起来，甚至听到“缩，缩”的口令还会向后退一点，好让人装好犁或耙。

一季田地犁下来，小牛不用任何口令，用牛的人只要牵牵或抖抖牛绳子，它会知道向左或向右转弯，很内行地走出你想要的步子来，再也不会偏离中沟，田地里犁出的泥巴条子，一层翻过来压着一层，远远看去，朝田地中间围拢，用老庄稼人的话说，像是一窝丝。

发棵发棵——割麦插禾

陈明华

还在睡眼蒙胧中，已听见了布谷鸟的歌声。“布谷布谷——割麦插禾——”清越的叫声从黎明前的宁静里隐隐传来，很快地又从房顶上空倏然而逝，叫声里我听出了行色匆匆，听出了那一羽的夜露风尘。

布谷鸟，据说是从遥远的望帝处飞来，唱着一季的歌。这应该算得上天地间的经典歌谣了，一样的旋律在人们心头漾出不一样的回声，就像是经典的《二泉映月》让人们在感受着酸楚凄凉的同时，也想象着泉映新月的莹莹亮光。

中国的文化人是善于想象和附会的，其间，说不清有多少是自己的心灵折射。望帝杜宇怨愤已极，郁郁而终的传说，早就令人动了恻隐之心，谁还去问一个虚实？于是，鸣冤、同情或是由人及己的诗文代有新成。成彦雄有“杜鹃花与鸟，怨艳两可赊。疑是口中血，滴成枝上花”；杨巽斋有“鲜红滴滴映霞明，尽是怨禽血染成”；白居易有“其间旦暮闻何物？杜鹃啼血猿哀鸣”……凡此种种，哪一个不是借壳还魂，营造着凄清城堡？

“杜鹃叫得春归去，吻边啼血苟犹存。”又筑一城，辛苦留春的布谷鸟，日夜啼呼，情何急切？在这个城堡里，有着这样一个传说：望帝一生劝民农桑，死后游魂化作无数杜鹃鸟，散布四方，催人布谷，促人割麦，勉人插禾。不能不佩服望帝身处冥界，依然将当日为帝时的管理之术用到极致。听老人们说，这些促耕鸟是偷懒不得的，因为它们回归时是要接受称重的，谁要是体重超过了一两三，那就是偷懒的铁证，受罚也就难免了。这传说有点残酷吧，完全辜负了鸟儿的自觉行动，我是这样想的。

布谷鸟们也不知叫了几朝几代，我是从小听到现在的。年年的这个季节，日日夜夜都是它的声音。这声音传到我儿时的耳朵里，是充满无限憧憬的。它的声音在我们这里是听作“发棵发棵”的。人们说，秧苗是听得懂布谷鸟呼唤的，伴着呼唤，秧苗长得更欢了，秧苗旺了，丰收的希望就有了。

布谷鸟叫得热闹的季节，也正是我们乡下称为“荒春上”的青黄不接的时候。在这叫声里，麦苗拔节、抽穗、灌浆，日比一日地见得黄了。几场小雨，麦禾黄亮如杏，麦粒饱满如小锤。小时候，还真以为是布谷鸟催黄的呢，听到“割麦插禾”的声音就觉得亲切。

麦子一熟，村子里就热闹了，农人们把大捆小捆的麦子挑回村，脸上挂满了笑容，早已忘了“足蒸暑土气，背灼炎天光”的辛苦了。场圃内麦子脱粒的场景，可以说是乡村最有艺术美感的活儿了。尤其是集体劳作，偌大的稻场，平铺着一排一排的麦子，赶着天气晴好，十几、二十个妇女，排成整齐的两排，动作整齐划一，连枷整齐划一，响声整齐划一。连枷在转动，人的身子一起一伏，一俯一扬；连枷触地那“嘭——嘭——”声响，有着深度蓄势的阵阵腰鼓般的雄浑。声音从两个对列交错发出，两队人默契地从稻场的这一端我进你退；到了那一端开始返回，是你进我退。这一进一退之间，场上已满是褐红色的麦粒了。天空中“发棵发棵——割麦插禾——”的歌声依然成天价地响着，与连枷声合成乡村特有的交响曲。

有了麦子，“荒春”不荒了。能干的母亲们，把淘尽晒干的麦子放到柴火锅里翻炒起来，香气阵阵，沁人心脾，炒至焦黄时起锅、冷却。人们推着咿咿呀呀的石磨在悠悠地转，熟的面粉纷纷洒洒地落进石磨下的簸箕里，越积越多，这就是“焦面”了。这种做法是真正的物尽其用，连麦皮也悉数利用。不过，在那时并未觉得影响口感，只觉得它是一种难得的美食了。就是那浓郁的焦香味，已是叫人回味悠长，至今不忘。这焦面可以干食，初时有些扎口，后来越嚼越香，越嚼越有鲜味；也可以用开水泡，“焦面”是很“胀”的，只需两三勺面加一勺糖就可以泡上一大碗，吃起来又多了一份甜味，滋润得很。为了鼓励干活，放学后，孩子们往往可以享受一点。接着，孩子们便怀揣着甜蜜，奔向野外，吹着“麦哨”（取一段麦秸划一道直口儿即可），听着天上“发棵发棵——割麦插禾——”的歌，似乎什么烦恼也没有了。

菜籽湖湿地

当然，孩子的世界比大人要简单。那年月，大人们的眉宇间总有着憔悴、沧桑的影子，任凭布谷鸟如何鸣叫，也难找到孩子的心境，年复一年，日复一日地守着贫穷。如今，贫穷已成为历史，但“布谷布谷，割麦插禾”的歌声每年春夏总还是匆匆掠过头顶，是那么永恒。认真聆听的不知还有多少人？我，依然聆听，但也不是那时的况味，而是“倾耳舜弦声”了。

“布谷布谷——割麦插禾——”这歌声依然从远处来，又向远处去了。

第四章　村落无声

每一条乡间小路
每一片瓦
每一处祠堂
每一缕炊烟
引导着我们披着星光回家

故乡情

在我家乡，一到腊月，全村老小像是受到了一种感召，喜气洋洋地投入到忙年的生活中去。在乡下，过年就是一种仪式。

故乡帖

钱红丽

腊月讲述。

在钱家祖，一到腊月，全村老小像是受到了一种感召，责无旁贷地投入到忙年的生活里去。在乡下，过年就是一种仪式。这个仪式相当繁琐，可达一个月之久。

记忆里，腊月总以晴天为主，日头一天照到晚，把什么东西都晒得焦干，甚至好久不穿扔在屋角的一双旧棉鞋，也要拎到小河里涮涮。迎接新年的第一个仪式，就是要把里里外外搞得干干净净的。月初，我妈把垫的以及盖的被褥一床一床拆下来清洗。老布的粗里子越洗越白，在河边大青石上被棒槌捶得翻滚，如一尾刚起网的鱼。我们家垫的毯子上印有两只凤凰，展翅欲飞的逼真感惹人一看再看。老布的被里子洗干净后，要放到米汤里浆一浆，晒干以后特别挺括，夜里盖在身上，米的芳香与日头的芬芳齐袭梦境，一个又一个美梦接天莲叶无穷碧。

糯米已经浸了几天了，用拇指与食指轻轻一捻，便碎了，拿去有石磨的人家碾磨，一勺一勺往磨眼里填，雪白的米浆倾巢而出，流进下面的木盆。当所有的糯米都化作了米浆，在木盆里荡漾，经过一夜的沉淀，糯米粉逐渐沉到水下，把上面汪着的一泓清水舀去，再用青灰裹进白纱布扎紧，放在米粉上吸水过滤，抓一把在手，轻轻捏捏，基本上可以成团，就可舀到簸箕里晾晒，十个白天九个日头的，时不时去簸箕里捻一捻，筛一筛，细如银丝的糯米粉被抓起一把，扬一扬，若恰好碰见一阵寒风经过，会吹得很远很远……这些珍贵的，是要等到正月十五做元宵来吃的。

除了糯米粉之外，还要准备米坯子，就是炒米糖的原材料，籼米或粳米均可。把米蒸熟，暴晒，晒成透明色，越干越好，炒起来蓬松。晒好的米坯子暂且寄存在瓦罐里，接下来熬糖稀。对于孩子来说，熬糖稀是最甜蜜的一件事。麦芽是出糖稀的一个引子，无它不可。大人把麦子放在淘米箩里，上面覆盖着一层稻草，早晚各过一遍温水。谁知没过几天，神奇的事情出现了，麦子真的在寒冬里发了芽，金黄里杂有嫩白，锲而不舍地穿过稻草，直到长成一尺来长，拔一根对着阳光晃，水晶一样透明。麦芽好了，该熬糖稀了。山芋烀熟，皮去除，揣成泥，加水、麦芽，在大铁锅里熬，先是烈火鼎沸，然后改中火，再改小火，慢慢熬，用锅铲不停地搅动，慢慢地，又一件神奇的事情发生了——所有的水被蒸发，最后剩在锅里的，是黄汪汪的糖。捞一筷子上来放在嘴里，满坑满谷的甜，那种甜可以直达漫山遍野，甚至上了云霄；那种甜，是令人恍惚的甜，不知所终的甜，物以稀为贵的甜。

20世纪70年代末，糖，对于一个乡村孩子，依然是一种奢靡的向往，轻易触不到的期盼，但，唯一在腊月里，是可以重逢的梦。

糖稀被大人装进大瓷缸，藏在碗橱深处。有一次，我妈没在家，我动念了。即便偷吃成功，也是心怀歉疚与不安的，简直是——吃了，比不吃还令人痛苦。在乡下，大人们一致认为，一个女孩子是万万不能好吃懒做的，以至于名声不好听，嫁不掉人，更坏的结果是被人唾弃。反正我妈就是这样灌输下来的。不得不佩服，一个大人是怎样将自己的节制观念，钉子一样牢牢地镶嵌给了一名少年，一直影响到老。

父母是孩子的第一任老师。这句话只说对了一半，另一半则是，父母是孩子的终生老师。从小到大，我妈潜移默化灌输给我的种种做人理念，太过根深蒂固，一棵树一样，越长大，越枝繁叶茂，永远倒不了，嵌进了骨头里，长成了钙，死了以后火化成一捧灰，依然在灰里。

接着过年——我们要做炒米糖了。选一个日子，把所有的米坯子都炒掉。大铁锅里黑砂翻滚，米坯子一投进去，立马膨胀，嘶嘶作响，赶快铲出来筛一筛，再把黑砂倒入锅中，重新舀米进锅。如果不累，是可以炒出一稻箩米的，关键就看熬的糖稀够不够用。将糖稀适量倒入锅中

加热，迅速倒炒米进去搅拌，再盛入洗刷干净的抽屉里，铺平，压实，如此三五分钟，糖稀与炒米已相互渗透得差不多了，不软也不硬，趁势倒到饭桌上，切成条，再切成块，等彻底冷了，装进瓦罐里密封，可以从过年吃到春三月插秧之际。

炒米糖嚼在嘴里，崩脆崩脆，最关键是它的香甜，鼻腔受用，口腔更是至乐。除了炒米糖，还有炒蚕豆，偶尔也有炒花生，碌骨炮子更脆，是万念俱灰的脆，上牙下牙一碰，它就粉身碎骨。所谓碌骨炮子，就是玉米粒，是到镇上花钱买回的。皖南地处丘陵，地少，大多种了稻麦棉芋，哪有闲地点花生、玉米呢。

然而，这些都不是钱家祖过年的主打，说白了，以上都是哄孩子的玩意儿。在钱家祖，过年最隆重的仪式，应该是请祖宗。

腊月二十三那天。黄表纸买回来，在地上铺一层青灰，放一刀黄表纸上去，用铁模子在上面印铜钱。这种事一般需要家庭里的男孩子来完成，我弟那时年幼，由我代劳。铁模子放在黄表纸上，用榔头敲打，手都震麻了，密密实实，全是铜钱的意象，干这事，得跪着，以示虔诚。等我把所有的黄表纸都印上铜钱，我妈再把这些黄表纸拿在手里团一团，顺一顺，一顺就顺成了一把把纸扇子，交叠在那里，非常好看——黄灿灿的，不是铜钱，分明是黄金。

大公鸡早已杀了，它身上漂亮的尾翎已被我收藏起来留待日后做毽子用。烧滚一锅水，把整只鸡放进沸水里泖一泖，原本软塌塌的鸡在沸水里霎时精神抖擞起来，简直快要站起来奔跑了，我妈拿一根小竹签插在它的头脖间，搞了一个神似昂首打鸣的造型，非常完美地盛进大碗——这是接祖宗回来的一道主打菜。其次，一盘生腐烧肉，还有一道菜“膀”，音似。所谓膀，就是整块带皮大肥肉，同样放沸水里泖一泖就捞起装盘。我妈把这三盘菜分别装进腰篮，另外盛上三碗米饭，一头一只篮子挑着，装一包火柴，拿几刀黄表纸和一挂小爆竹。我就知道，她跟村里的大人如出一辙，这就是要到野外请祖宗去了。通常是门前的田埂，或者圩埂背风处，是太阳将落欲落的黄昏——黄表纸的灰烬随风飘荡，粘在大人的眉毛上、发上，拂一拂，仍不肯离开，舍不得的样子。

夜黑下来，头顶的星星很小很亮，把这些食物挑回家来，逐一摆上饭桌，给老祖宗再吃一次，再烧几刀纸，炸一挂小爆竹，叩几个头以后，菜被悉数收回碗橱里入定。我们再接着吃饭，无非一碗青菜，或者再添一盘腌雪里蕻。

从腊月二十四这天开始，一直到正月十五，每天早饭前，必须盛三碗粥供在桌前给列祖列宗。然后，我们自己才能享用早餐。要说过年最烦心的事情，这个也算是一件吧。祖宗，我总是看不见，更不见他们出来喝粥。那么，这种盛粥的事情做起来，毫无意义可言。但，烦在心里，有敬畏在，到底不敢拂逆。

也许，所有祖先的灵魂在年关的时候，都愿意回来。在外飘荡了一年，也该回来歇歇了，我们做晚辈的，每天早晨盛三碗朴素的白粥给他们，也算是一种微薄的孝道吧——血缘的延续都在这三碗白粥里。

要说仪式感，这就是，虔诚，庄重。我们家的中堂画每每都是松鹤延年图，两副红底黑字的烫金对联左右并立，画下是枣红色茶几，紧邻茶几的是枣红色饭桌，饭桌旁站立两把大木椅，同样是枣红色。过年的时候，堂屋里许多摆设都变得庄重起来，仿佛沾染了仙气，仔细想，跟往日也没什么不同，怎么到了过年，就有了异样？还是说不清。那几年，别人家开始流行张贴港台明星画像，塑膜的，被煤油灯微弱的光一照，恍惚地大放异彩，她们是汤兰花、林青霞、吕秀苓，一律琼瑶剧里的主角，无论戏里戏外，她们都那么美。70年代末的少年生活，分外寒瘦寡淡，只能有她们给我们美的启蒙，不比如今的孩子，尚处黄口小儿阶段，就有巴赫和怀特来启蒙了——时代是往前进了几大步，革命性的，颠覆性的。

少年在腊月，被一种未知的情绪激荡着，连步伐都迈得轻快，哪里顾得了酷冷？一趟一趟往河边跑，卷起袖子，小手冻得彤红，协助大人把家里的什物洗了又洗，顺便抓点炒货放荷包里，抽空捻一点放嘴里，心里仿佛有大慰藉。那时，忙得连望天的事情都忘了，记忆里，总是阳光普照，天蓝云白。到了黄昏，坐下歇歇喘口气，又一个激灵，还没给牛喝水呢。于是，又急急望牛栏去了，把老水牛牵出，往村口池塘去。少年蹲在池塘边，看牛饮水，十多分钟之久，然后，老水牛抬起头，撒一泡尿，再次沉默地跟在少年身后，回它的家。

乡村的夜是在这时候黑下来的。那种黑，像网一样罩在大地上，密不透风，四周群山不见了，对面的村庄不见了，偶尔几声狗吠，算是为黑夜划着了一根火柴，接着又暗下去。

第二天，太阳升起，钱家祖的大人小孩接着忙。忙年忙年，岁岁如绵。

粒粒皆辛苦

江少宾

那天一进门，我就嗅到了一股粳米的味道，我耸着鼻子钻进厨房，墙角果然堆着一袋米。我急不可耐地扯开袋头上的绳索，把头伸进了袋子里，五脏六腑，瞬间充盈着粳米的香气。起身之后，我又忍不住捧起一把，放在鼻子下面，像捧着一粒粒珍珠，久久不放。

父亲笑我痴，不过是一袋新鲜脱粒的粳米。但这样的粳米我渴望已久，这样的粳米特别适合熬粥。

梦魂深处，一直翻滚着一锅热气腾腾的粳米粥。是乡下的那种大铁锅，干柴，烈火，粳米在其间蒸腾，噗噗噗，米粒从锅中心向四周扩散，又翻滚着回到锅中心。七八分钟之后，米粒一粒粒绽开，像一朵朵微雕的梅花，这时候再抽掉干柴，改用小火慢熬，等沸水完全熬成了米汤，白漾漾的，便能熄火了，盖上锅盖，闷几分钟。重新揭开锅盖时，粳米粥的香气立即荡满了每一间屋子。锅沿边还结了薄薄的白白的一层，轻轻地揭下来，放在嘴里，一舔就化了，有一股丝丝如蜜的甜。粳米粥软滑而黏稠，暖胃，也暖身，我们不用筷子，直接端碗喝。佐餐的是母亲腌制的咸菜（我们叫“小菜”），萝卜缨子，萝卜条、豇豆、雪里蕻，深冬是一碟腌过的蒜瓣子。但这些我们都不太吃，直接喝粥，也不怕烫，一海碗喝下去，后背上滚出一层汗。

这样的粥，我一直喝到了初中。初中开始长身体，胃口大，两碗粥喝下去，感觉肚子里还是空的，咕咕叫。家里张口讨吃的人多，而锅已经见了底，母亲没有办法，只好将空碗扣在自己的嘴边，一边转，一边舔碗壁上的米汁。在母亲的示范下，我也拿起自己的空碗，沿着碗边慢慢舔。我清楚地记得，母亲套着一件瓦蓝色的旧围裙，靠在锅台上，直勾勾地看着我，眼里含着泪，脸上却挂着笑。在母亲的鼓励下，我丝毫也不觉得羞耻，反倒养成了“饭后舔碗”的习惯。在相当长的一段时间里，这个习惯成了我们家的一个秘密，我们都在自觉地做，但没有一个人在外面说。直到今天，我吃过的碗里总是一粒不剩，我也很反感那些无端浪费粮食的人。

那时候的牌楼人家都不富裕，早晚两顿都喝粥。

到了农忙时节，插秧，犁田，割稻，挑稻把，中午会煮一锅粳米饭，饭头上蒸一碗土鸡蛋。饭吃完了，锅底趴着一轮焦黄的锅巴，满月一样。柴火大锅烧出来的锅巴真香啊！等锅巴凉透了，母亲会掰成手掌大小的碎块，收进一个专门的铁皮罐子里，藏起来，留到过年给我们当零食。

到了过年，那只铁皮罐子就成了一个魔盒，母亲则是个魔法师，总能掏出一些我们平时很难吃到的零食。多年之后我才知道，家里的许多“零食”和“主食”都是母亲就地取材，熬夜做出来的，比如槐花，地衣，马泡，灯笼果，灰灰菜，还有老鼠和蚕蛹。

饥饿，让母亲成了尝百草的神农。我们的饥饿史，就是母亲的发明史。也不单我们一家，牌楼的其他人家也是如此。是坚韧不拔的母性，帮我们度过了一段又一段饥寒交迫的日子。

旺财叔住在村口，一年四季都喝粥。

夏天的正午，我去田畈里给大人送饭，时常能看见旺财叔坐在树荫下，光着干柴一样的细膀子，端着一口蓝边碗，像端着一碗水，一张失血的脸在碗心里晃荡。即便是这样的稀粥，他一天也只能喝三碗。农忙的时候能喝到四碗。旺财老婆把自己的那一碗省下来，留到晚上，等四个嗷嗷待哺的孩子都睡了，才从颈罐里端出来，递给他喝。长年累月的饥饿已经把旺财叔击垮了。男女老少都在水田里插秧，他突然转身，喧腾的水田里溅起一片刺耳的声响。女的骂，男的笑，旺财老婆臊得满脸通红，从背后用秧把子掼他。任你笑，任你骂，任你掼，旺财叔一言不发，他抖抖腰身，转过身来，埋头继续插秧。

五叔一生爱喝粥，他一手抱着粥碗，一手抱着糖罐，直至最后离开人世。

五叔喝粥从来不吃菜，他用红糖拌，一碗粥，一勺糖。常年如此。红糖的晶体颗粒粗大，五叔咬在嘴里，咯嘣咯嘣响。我问五叔，“不齁吗?”五叔花白的脑袋几乎埋进了碗里，“不齁，这个养人。你可吃?”肯定齁死了，我摇了摇头。五叔似乎很失望，却显出很神秘的样子，又从糖罐里挖了一勺，放在粥里继续拌。

我问母亲“红糖粥”是不是真的养人，母亲没有正面回答，只是说，米汤好，一口米汤能救活一个人……米汤确实有营养。村子里，妇女坐月子，熬粥时，米汤都要单独盛起来，放一勺红糖，打荷包蛋。除了坐月子，卧病在床来日无多的老人也能吃到这样的荷包蛋。只有五叔是个例外。五婶把糖罐子藏了起来，五叔为此不吃不喝，不说话，对五婶不理不睬。五叔晚年患上糖尿病，又拖着不去医院，最终恶化成了尿

毒症。去世那年，五叔刚满60岁，他在初夏的一个雨夜独自离开，像那些外出谋生最终杳无音讯的牌楼人一样，决绝的五叔，没有留下一句遗言。

中学离家有三里多路，没有自行车，我一直步行上学和放学。初三开始上早自习，家境好的同学可以住校，我只能走读，为了能在七点钟之前走到学校，无论刮风下雨，我每天都要起早。母亲比我起得更早。

记忆里，每天天麻麻亮，母亲就起床了，生火，热锅，倒菜籽油，敲一个土鸡蛋，翻炒第一天晚上剩下的米饭。母亲一生节俭，舍不得吃，舍不得穿，但我的蛋炒饭总是油汪汪的，在15瓦白炽灯的照射下，米粒晶晶亮。那时节，蛋炒饭是一种很奢侈的福利，招待亲戚、长辈和客人的，但我却经常吃，妹妹为此经常和母亲生闷气。但母亲的偏心并没有获得应有的回报，那年中考我成绩平平，未能如父母和老师所愿考取县里的重点高中。领通知的那天中午，一家人都在堂屋里等我，五叔也来了，笑眯眯的，悠闲地捧着他的旧茶杯。我埋着头，慢腾腾地走进堂屋，浑身的气力都被抽空了，仿佛刚刚大病了一场。母亲早就瞅见了我的脸色，她一句话也没有说，佯装去盛饭，转身进了厨房。

那年暑假，我跟在二哥后面去田畈里干活，插秧，割稻，收稻把，车水……我个子矮，力气又小，乡亲们经常开我的玩笑，言语间的轻慢与嘲讽，往往惹来父亲的盛怒。

每回父亲动怒，母亲总要阻拦，“我把话撂在这，我老兵肯定能考大学……”这话母亲不止说过一次，每一次说，都不避讳我。母亲对我的信任与维护，也潜移默化地影响了我的教育观。如今，只要没有触犯原则性的错误，我对孩子的教育也是以勉励为主。我的孩子才上小学，和我当年一样，心理素质差，越重要的考试越有可能发挥失常。尽管这

已经影响到了老师对他的评价，但我从来没有因此批评过他。我做不到的，孩子为什么必须做到呢？

好在，三年后的高考，我没有再让母亲失望，更令家人和老师惊喜的是，我就读的那所乡镇中学，文科已经连续多年无人上榜。高中三年住校，除了回家的周末，我几乎没有吃过早饭。中午和晚上，从学校食堂买三两米饭，菜是从家里带的，一小罐咸菜，精打细算着对付一个礼拜。

食堂里的饭蒸在一口大锅里，是那种接近霉变的陈米，黏塌塌的，像是用开水淖过的剩饭。好不容易吃到了高二，胃口吃坏了，还没走到打饭的窗口，闻到那股味道就开始呕。漫漫长夜，肚子总要填饱，只好花一块钱，从街上买两个馒头，吃馒头，就咸菜（家境好的同学会买“涪陵榨菜”，五毛钱一包），囫囵吞枣。两个馒头比三两米饭便宜，那几年，和我一样吃馒头就咸菜的穷学生不少。

隔壁宿舍的一位同学，经常带一罐腌萝卜丁（萝卜丁和萝卜条都是萝卜，切成片状的谓之“条”，切成粒状的谓之“丁”。不知何故，母亲从来没有腌过萝卜丁），蚕豆酱腌的，非常爽口，香，辣，脆。我偷吃过三次，每次都从罐中间挖一勺子，怕被发现，还把四周的萝卜丁向中间归拢……那位经常带腌萝卜丁的同学如今从事保险业，前些年我们见面，我主动提起这事，他哈哈大笑，还有这事啊？你小子！

宿舍里还有一位吴同学，性格孤僻，不合群，地理经常考满分。吴同学中饭和晚饭常年吃馒头，一顿两个，没有菜，吃馒头的时候用手掰，掰完一个馒头喝一大茶缸白开水。一天傍晚，我去教室上晚自习，见吴同学捧着茶缸，坐在宿舍外池塘边的石凳上，对来来往往的脚步浑然不察。池塘里绽放着一丛丛睡莲，鱼戏莲叶东，鱼戏莲叶西，鱼戏莲叶南，鱼戏莲叶北。仔细一看，才知道是吴同学把馒头掰碎了，东一粒西一粒地扔进了池塘。他很享受这隐秘的欢乐，莲花一样洁净的笑容，浮现在他颧骨高凸的脸颊上。同学三年，我们之间没有说过几句话，这池塘边的剪影，是他留给我的最深刻的印象。他学习很用功，然而，他的努力并未获得相应的回报，高考落榜之后，他就从我们的视线里消失了，没有一位同学知道他的去向。

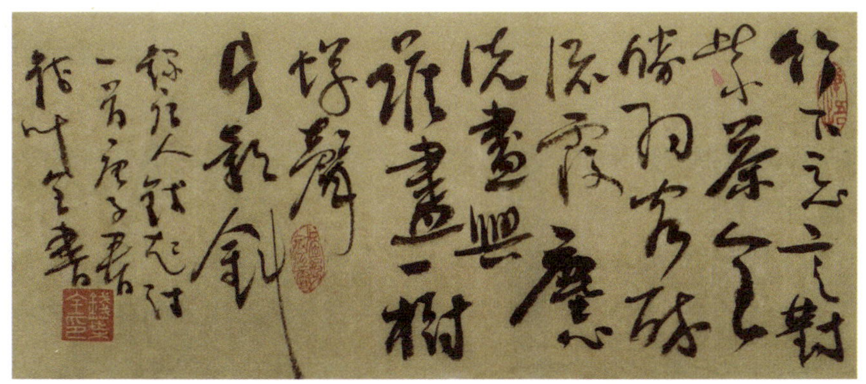

凤仪，月中孤渡 | 杨　彬

江风猎猎，父亲站在码头，再次回首看那座岛屿（凤仪洲）。三十个春秋，融化在江水中，涛声此起彼伏。打这天起，父亲和这座岛再无直接的关联。

第一次渡江来到岛上，父亲十九岁，意气风发，言语间带着江北口音。生长于集镇的父亲是非农户口，来到岛上等于下到农村，年轻的他立在船头，透过镜片是大片的土地、茂盛的草木和炊烟袅绕的农家屋舍，江风习习吹来，父亲心中升腾起一种理想主义的激情。这是新的天地，他将要耕耘、建设、奋斗的地方。

虽然生长在集镇，幼时的生活也是一样穷苦。家中没有田地，一切都要花钱买，父亲和他的兄弟们冬天捡炭，夏天捡瓜皮，为了抢一枚桃核与人打架。父亲的大拇指十分弯曲，这是小时候常编鞭炮造成的。为了贴补家用，奶奶常接了鞭炮厂里的活计带到家里做，兄弟五人中我父亲最善编鞭炮，又快又好。说来有趣，我的拇指竟然生来就翘。

父亲会读书，成绩一直拔尖，但他却不是个用功的人，贪玩起来也是无人能比，高考意外失利，父亲郁郁然准备复读，不久，却得到了考干的机会，然后他就成了一名乡镇干部，举家欢喜，然后就有了第一次渡江上岛。

岛是母亲的岛，她在这座岛上出生长大。母亲是家中的长女，家务农活一肩挑，但母亲生的好看，两道眉毛可说是“不画而翠”，一条辫子又粗又长，直垂到腰下。父亲不知怎么看见了，托了人来说媒。父亲肤白，戴着眼镜，也文气得很，外公外婆应了允，母亲就嫁到了我们家，住到父亲的单位里。再过一年，我就来到了这岛上。

我幼时体弱，时常生病，出生百天突发肠梗阻，江中小岛没有医院，父母抱着襁褓央人摆渡，上岸后没有班车，父亲抱着我在路边落泪，母亲在路中拦车，终于回到老家，然而小医院不收，又辗转去了贵池，简直奔波掉半条性命，所幸我小命得救，途中蒙恩，终身感怀。

从此隔江渡水的麻烦，我们一家人深有体会。我小时候，岛上的居民还很多，小学校里做操时也是黑压压一操场。幼时的记忆中，每次跟母亲问爸爸在哪，总是说下乡去了，要么就在乡里（单位里）。父亲有时也会带着我下乡，那时还收农业税，有时候是计划生育的工作。只记得他们没完没了地说话，干部苦口婆心，农户诉苦道情。

岛上的路父亲走了千万遍，他夜晚走路从不打手电，心里像是有个导航仪。每到夏天，岛上便有一项重要的工作，防汛。三峡大坝建成之前，每到汛期，长江中下游江水上涨，十分关紧，父亲也十分地忙，有时回来得很晚，有时干脆宿在他负责的那段江堤上。1998年，水势尤为凶猛，岛上决了堤，很多人都转移去了江北，我被送去了奶奶家，母亲回了外婆家，父亲一人在岛上，每夜在江堤上巡查。不知什么缘故，有一次父亲像是受了惊吓，夜间没来由地害怕，身体状况很差。后来听母亲说是被水神吓到了，做了一些法事，就好了。这件事我记得清楚，此后我坐船渡江，每每对浩荡的江水会生出莫大的敬畏。

我在岛上读完了小学，12岁时离开了岛，但父母亲还留在那儿。到我念高二时母亲将家搬到了县城，照顾我读书，此后的九年，父亲一个人往返于县城与岛之间，在江面上来回。周五末班渡船到县城，周一头班渡船上岛，阴晴雨雪，父亲吹过各种江风，听过各种涛声。

30年，父亲在岛上度过的时光远多于他自己的家乡，他几乎算得上单位里最为乡民们熟识的人了。父亲站在码头，眼前不住地闪现，他修过的村路，他改建过的码头，他巡查过的江堤，他监督过的鱼塘，他帮扶过的贫困户……太多的回忆留在了这岛上。尽管它的居民越来越少，荒草渐生；尽管它的滩涂不断被冲刷，林地渐毁；尽管它孑然江中，交通不便……父亲不舍它，不舍这片他坚守了30年的土地。在这里，父亲留下了许多，带走的，却只有我和母亲。江风中的父亲有些老了，头上早已生了华发，他像从前一样背着手，腰杆笔直。

“空洲夕烟敛，望月秋江里。历历沙上人，月中孤渡水。”父亲又一次乘船渡江，他的青春却再也上不了岸。

村庄上的符号

章乐飞

题记：何为故乡，定义颇多，争议不少。冰心老人曾言：埋有祖先骨殖的地方就是故乡。如今，青山裸露，荒坟夷平；城市拓展，乡村改建；如何寻得儿时记忆的风貌？时光改变了一切，改变了旧日风景，哪里寻得儿时模样？故乡只能在梦里迭现，时常梦起，即为故乡。

斗　门

斗门，是农耕时代圩口泄洪、灌溉的咽喉。水，或进或出，只需提起闸板，便如脱缰的野马奔向湖泊、长江。梦中迭现，你依然年轻，你依然驮负着洪水的重任。

流水不腐，青石健壮，麻石沧桑。水渍如刀的刻痕，记载着几百年的雷电相击、风雨相扰。

筑斗门的条石尺宽、尺厚、几丈长。糯米、石灰、桐油粘连，糅合

着先人的智慧、坚毅、刚强，一口吞进浑浊，一口吐出希望；一手轻绘禾苗连天碧，一手擒服洪魔逐浪消。

斗门石，你离别石乡孤守水乡，你的寿命和流水一样长？

龙 潭

龙潭，就在圩埂脚下，是圩埂溃破洪水冲陷的又深又大的水塘。久旱不涸，有水龙故称龙潭。

龙潭里有鱼，青鳙，大人拎着和我一般长。

龙潭里无荷、无菱、无草、无藻，白花花的水面是我们的游乐场。用薄瓦片贴着水面抛出，似蜻蜓点水、又似箭飞到对岸命中小草。童心像“水漂”一样直向往远方。夏日，赤条条的在水里“扎猛子”寻不得水龙，但有河蚌、河蟹，有鳖，有龟，是母亲翻开的童话，看到史前文明的曙光。

谁在怪吼“水龙上来了”，我们一窝蜂似地爬上岸，惊魂未定地蹲在水边，像史前的水怪在傻笑。

龙潭里有龙。年时月节，村民都在塘边烧香许愿，那浓浓的烟火袅袅升腾，真的是龙在水塘上空盘旋，消失在茫茫的苍穹里。

“龙”飞走了，龙潭里是草，是藤，是萍，是藻，是芦，是荻。是野生的，恣意纵横，是一口绿油油、阴森森的陷阱。

晚霞落照，我孤独颀长的身影投射在上面，恰是一具龙的僵尸浮在水面。

石桥木桥

有河沟的地方都有桥，有石板桥，有木棍桥。

桥不长，也不过三五步之遥；桥很窄，一根木棍，一块石板。一桥一世界，这边柳绿，那边稻香。

曾胆怯，迈不过这独木桥，望不见那边草长莺飞，看不清那岸女子采莲。

喜欢夏天，母亲在石板桥上洗衣。河水盈岸，清澈如镜。母亲在石板上捶、搓、揉、摆，是一幅青春律动的彩照，是一首婉约清丽的诗，是一阙神采飞扬的词。

桥，董郎在这头，仙女在那头。这是一部村史典籍的雕刻，记载着柴米油盐、儿女情长的典故。

圩埂上的村庄

圩埂像长城一样又陡又长又高，它是抵御洪水的城墙，是先民居住的屋场。

圩埂就是村庄，村庄就是圩埂。房屋一字儿排开，在圩埂上一户挨着一户。居住东头的称东湾，西头的叫西湾。在埂外看是弧形，在埂内望是拱形，似卧龙伏地、蜿蜒。龙头向西，吞吐着汤沟河水，尾抵陈瑶湖，抚平惊涛骇浪。

屋与屋有隙，曰巷。宽不过几尺，深不过几丈。藏着冬的宁静，夏的清凉；春放风筝，想和彩云为伴窥探四方；冬雪捕鸟，总是疑惑我就不能在雪地上踩一串梅花的形状？

夏夜的屋巷是邻里纳凉、避暑的天堂。一张竹凉床围坐着八方客；一把蒲扇摇动着古今事。后生定亲、姑娘出嫁的喜讯让日子生辉；仔鸡下蛋、母猪生崽的喜事让生活增色。老人升天，弥漫着痛苦的思念；婴儿坠地，洋溢着浓浓的喜悦。说的是柴米油盐，谈的是酸甜苦辣。蕴藏着邻里和睦，散发着人性互爱。

月上中天，鸟入窠巢。月影与树影幽会，蛙鼓与虫鸣和声。村庄在宁静、幽静，清凉、清爽的夜色里做梦。

村 路

路是人走出来的。此语有失偏颇，似乎不合时宜。其实，路是我们的先人修的，我们又为我们的下辈在继续修路。如村路，我们村的水泥路。这水泥路连着省道、国道，连着高速、高铁。这路还在延伸，看不到尽头。这路还在拓宽，变成双向车道、四车道……

盛夏回村，这水泥路是一道火焰山，炙脚、炙脸；寒冬回家，雪积冰冻，光滑如油，生怕一失足，摔它个仰面朝天。

我在这宽阔、生硬、冰冷的水泥路上奔波，是体弱还是心虚？有缥缈、恍惚的意象。

眼前迭现的是阡陌纵横的羊肠小道，那是光着脚板走过的小路，通向地头、田头，通向湖泊、河沟，通向小街、码头。如奶奶背上的青筋，虽忽高忽低、有坎有壑，但我在上面奔跑，有鹿那般从容，有兔那般敏捷。那头青山绿水，这头棉白稻香；那头荷红柳绿，这头鸡鸣犬吠；我在村路的这头，母亲在村路的那头；能看到母亲的眼神，能听到母亲的呼唤，能闻到母亲的饭香。

路旁的河水潺潺流淌，路旁的小草葳蕤翠绿，路旁的玉米亭亭玉立，路旁的瓜果圆润晶亮。一个多情的种子也在路旁发芽，目送伊人，愁断心肠。

村路如网。走不出这网，在出口易迷方向。我的魂在这村路上流连，我的魄在这村路上张望。

乌泊湖

“月落乌啼霜满天，江枫渔火对愁眠。”寒意渐袭，愁思难解。我臆断是我的先人——饥寒窘迫的渔者泊船乌泊湖，仰面对月的哀叹？

“一罾扳起满天月，一湖渔火一湖歌。”这是吾族先贤的诗句，其余的记不得了。地域变迁的利剑把它斩断，时光流逝的镰刀把它割裂，时空浮躁的气息把它吞没。

东湾网，东湾罾。
一罾扳起龙王鳖，
一网捞上鲤鱼跃龙门。
乌泊湖是金盆。

丰年野味香喷喷，
灾年湖里出瓜金。
大鱼上芜湖，
小鱼锅里烹……

这歌谣是母亲哼的，不学都会。我的声带上烙印着母亲的文字：庭院里的月亮就是比别人家的圆！

乌泊圩里有田有地，有湖有塘，有小桥流水，有篱笆人家。湖曰：乌泊湖。它是我童年酣睡的摇篮，沐浴的澡盆。我曾像蜻蜓一样逐浪嬉戏、探望。浪有多高？

一浪埋没痛苦忧伤，一浪滋生幸福希望。

打连枷

林建明

再一次听到连枷（我们老家读“该”音）声是去年的仲秋时节。

老同学帮祥在他的朋友圈里发了一个视频，里面有两个上了年纪的乡下老婆婆，头上扎着挡灰的毛巾在用连枷“叭叭”地拍打着黄豆。视频很短，没几秒钟，听得我有点焦急，像一个几十年没看到的旧友擦肩而过，总有些不甘。我便连连点开视频，想让这声音连续起来，能够听得久一点，但总是徒劳，眼前无论看到抑或听到的依旧是断断续续的。

是啊，那久违的声音，一段短暂的视频怎能让它连续起来呢？

当时我便写下这个题目，也就是想连续这个久违的声音，连续这个久违了的记忆。只是那时候老父重病在床，没时间也没心情去连续。从此，那个“叭——叭”声不时在我心头响起，纠缠着我的思绪，特别是在有点空闲的时候。

近日在他乡的田野经过，视线里的葱绿渐渐被齐刷刷的麦穗改变了，想想还有个把月的时间老家新麦就可以开镰了，但现在的孩子却再

也听不到那“叭叭”的连枷声响了。

记忆中钉耙、挖锄、平锄总是被挂在高高的墙上，杉木的柄被摸得锃亮。而同为古老原始工具的连枷似乎有点冷落，靠在泥巴墙的角落里，默默无闻。但我知道在所有农事的大戏里，锄头、钉耙出场的时候虽然多但都是配角，都是戏里的引子或序幕，只有连枷的出现才是临近农事大戏的一场或全场的剧终。所有的劳作，汗水，希望乃至失望都在这连枷的“叭——叭”声中见了分晓。

有时候我在想连枷拍在作物上的“叭叭”声，像极了一个受了冤屈的女人瘫坐在路边，有人无人时都在唠叨着自己的不幸，唠到伤心处，便用手拍一下土地。那声音透露着无奈、不甘，让人听着听着便忍不住有些伤感。这种体会是我在走南闯北后的现在才有的，我知道程家墩的先人们已经历过几百年这样的拍打，唠叨，但没有同情，没有听客，他们坚强地起身，走进空旷的稻场，抡起连枷，“叭——叭——叭——叭”是一阵又一阵疾风骤雨般地拍打。

童年所有的记忆来自门前那片麦田。在我六七岁的时候还只是敢去生产队的稻场上玩，至于外面的世界跑的最多是靠近村庄边的麦田里。那时我的个子也就麦苗高，钻到麦田里看不到我的头发，隔壁的孩子便笑我，给我取了绰号“万年桩”，意思是长不高的树桩。

我喜欢去麦田里是因为麦子抽穗的时候，夹杂在麦苗中间还有一种叫“荞麦”的作物，比麦苗长得快，青灰色的，大人们认为它抢了麦子的养分，锄草时发现了就会拔掉它，但总有“漏网之鱼”。我喜欢拔下它的穗做麦哨，掐一截嫩头用手一捏，便有两个裂口，含在嘴里，腮帮一鼓就会发出“呜呜”的响声，麦管细声音就细，用力就小，麦管粗声音浑厚，腮帮鼓的就圆，我很少拔粗的麦管，我的腮鼓的像青蛙的气泡，那声音也发不出来。儿时体会不到大人们的艰辛，饿了回去向大人们要吃的，冷了要穿的，自己想要的都得到了便认为是天下最快乐的人了。

“日晒稻黄，雨淋麦黄”，两场夏雨，几个烈日，麦子开镰，村庄就忙碌了。

程家墩的女人们都会打连枷，但能走到生产队稻场中间挥舞连枷的只有十几个人，这些人都是经过队长的眼睛和心里扫描过的。几亩大的稻场，铺满厚厚的麦禾，还有满场烈烈的日光，麦禾舒服的弓起了身子，麦穗焦急地抬起了头，它们都在等待着午后连枷的出场。

连枷在空中“吱呀”响过，像出拳人摆好架式向对方发出“嗨”的一声招呼，接着便是“叭”的一声连枷落地，随即这两种声音混合着响彻在稻场的周围，“吱呀吱呀”“叭叭叭叭”。十几个女人面对面分成两排，脚步横移，连枷起落，看得着的连枷痕，看不着的脚板印，其实都像心与灵一样配合的默契。这不光是技巧，耐力，还有一股韧性，十几张连枷挨在一起起起落落，丝毫不会纠缠在一起。

母亲每年这个时候都在稻场中间，她也是十几个打连枷人之一。我比麦苗高一点的时候，也懂点事了，我憎恨这炎炎烈日将母亲嫩白的脸晒得黝黑，布满了汗珠，也恨那连枷扬起的灰尘，它们弄脏了母亲的脸、胳膊、大腿。可是我无能为力，我所做的只能是在午后拧着白瓷茶壶去给母亲送半壶凉开水。

厚厚的麦禾中间被踩出了一条金黄色小道，拍打过的麦穗则成了一条小河，麦粒躲在麦禾下面，像顽皮的孩子在和大人躲猫猫。在稻场的西侧，完成了拍打的麦禾被男人们重新捆成麦把等着上垛，还有人将拍打下来的麦子用木掀一趟趟地推成麦堆。

这一堆堆的麦粒是老人的微笑，是孩子们眼里的馒头、面汤，是母亲心里的希望，所有的拍打，所有的辛苦就是想让麦粒干净利落地从麦芒中脱离，装满屋里的缸和罐。

连枷声没有因为一杆连枷的暂停而停顿，“叭——叭”还在继续。

所有举着连枷拍打的人都很专注，连枷在手中起落，心在面前的麦穗上，所以连枷的目标不会落空。尽管脸上汗珠如麦粒般从脸上滚落，尽管拍打起的灰尘呛着我的喉咙，我也抡起连枷，学着大人的模样，举起，用力，落下，我的连排没落在麦穗上，连枷的角却戳到泥地里，震摔了连枷，震麻了手掌。母亲扔下茶壶摸着我的手，连说：“没事吧？没事吧？”我有点倔强，还要捡起连枷，母亲说：“你还没连排高，逞什么能？”我说：“我如果能打了就替换你，让你歇歇了。”母亲说：“傻儿子，你看到你爸了吗？他们要堆草，要犁地，要挑粪施肥。女人做女人的事，男人有男人的事情，多着呢，庄稼人的活做不完的，我儿大了要读书，做个有文化的人。”

我在连枷的拍打声中渐渐长大，到了明白使用连枷技巧的时候，离开了那个农忙时家家户户门口都响着“叭——叭”声的村庄。

但我终究没学会打连枷，也没有如母亲所愿成个文化人，后来我成了一只候鸟。但我知道，我一直在举着那杆连枷，我的拍打也从来没有停歇，尽管不是拍打在麦穗上。

这就是生活。

木榨老油坊

钱闻萍

走在农村的各个集镇上，此刻就会闻到一股醇浓的菜籽油的香味，那便是油坊里榨油散发出来的。一种以机器压榨式的油坊在农村比比皆是。然而，在枞阳县钱铺乡钱铺村，至今仍完好地保存着一座老式的木榨油坊，且每年的这个季节，仍在生产香油。

一座粉墙红瓦的大房子里，一群人光着臂膀，挥汗如雨地在各自忙碌着，房梁的正中悬吊着一根粗壮的长木，前端有一大铁锤，五个大汉推动这根横木吆喝着，有节奏的撞击着前方的木榨，油菜籽饼在榨孔里慢慢受力挤压，金黄的香油一滴滴地被压榨下来，浓香弥漫在周围的空气里，这就是老油坊了。

老油坊生产香油，仍然保持着一成不变的传统工艺。熟炒、碾籽、熏蒸、箍饼、码饼、打榨……十分考究。层层的技术把控也要精准，它的产油率才会提高、油色才会好、香味才会浓、保存的时间才会长。

老油坊

望

得见山
看得见水
记得住乡愁
乡愁是星光的
信仰

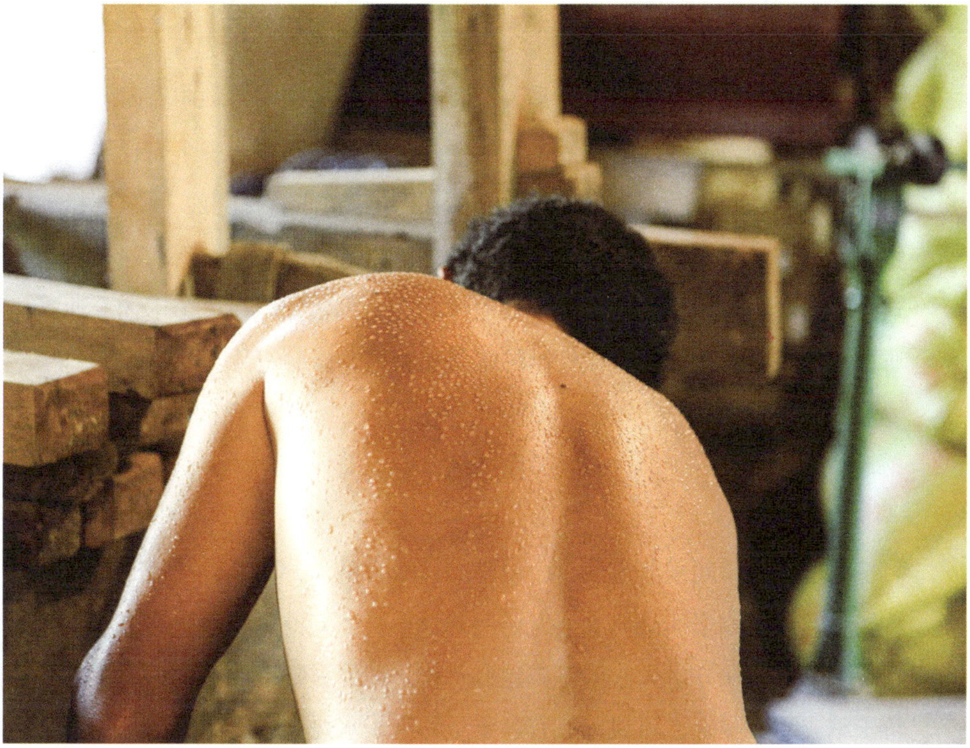

熟 炒

熟炒俗称炒籽。把晾晒好的油菜籽，放在一口直径约一米的大铁锅里，下面加火，操作工根据火候情况，手持吊在锅上面的一个用木板做成半圆形的铲子，在锅里不停地翻炒，锅台上还要放一块小方木，操作工不定时的在锅里抓点菜籽，用小方木进行碾压，以便掌握菜籽的炒熟程度，不能老火（炒焦了），也不能嫩火（还没有熟），要恰到好处，这样才出锅进行下一道工序。

碾 籽

在过去没有碾籽机器时，是人工碾籽的。碾籽是用一种叫石碾的工具，牛拉为动力，石碾是由一个直径约六米的石槽圆圈和一个直径约两米的石碾团，穿过一根大横木，一端套在碾槽圆心的石柱上，一端连接碾团，由牛动碾团进行圆周运动，碾压破碎碾槽里的菜籽。现在这种老式石碾虽已退出了历史的舞台，取而代之的是机械。但在这个木榨老油坊里仍然保存着这样用石头打制的碾团和碾槽，以作纪念。

熏 蒸

这道工序看起来非常简单，但它的技术含量十分高超，掌控得好坏直接影响到产油率的高低和油保质期的长短。在碾槽里取出破碎的油菜籽，用一块一平方米大小的老布包裹菜籽，均匀平整地放在蒸锅上面用竹子编成的蒸隔上，蒸锅里放有一定量的水，水烧开后产生的蒸汽，对

菜籽进行加热蒸熏。操作者要有丰富的经验，才能掌控好菜籽的干湿度。如果湿度过高，那么榨出的油虽然出油率高，但含水量过多，油不易长久保存，影响油质；如果菜籽过干，虽然油的品质好，但出油率太低，造成浪费。

箍 饼

箍饼俗称踩饼。在平整的地面上，放上两个叠在一起的直径约60厘米的铁圈，旋转状的铺上一层薄薄的稻草，这需要有经验丰富的操作者，动作和状态需一气呵成，一般人是做不出来的。然后再把熏蒸好的菜籽沫，适量地倒入其中，操作者赤脚在高温的菜籽沫上跳跃式的踩压，一只脚在踩，一只脚便把铁环外面的稻草向圆心部位踩压收卷，直至整个菜饼踩平。

码 饼

码饼也就是往木榨鼓里装饼。箍好的饼，由下一道操作者，码入榨鼓，这道工序也是很讲究的，而操作者还要心细。码饼要按照从小到大的顺序，每块箍出的饼大小都不一样，箍饼是从大到小，直至把饼装到适当的位置，一榨菜籽规定在400公斤左右。这码饼和箍饼的顺序千万不能混乱了，如果中间环节出现一块饼的顺序混乱了，打榨挤压时，就会出现炸圈现象，饼渣随油流入油缸中，严重影响油质。

打 榨

严格按照顺序在榨鼓里码好菜籽饼后，便有大小十几块叫方尖的梯形木块有序组合，初始端便是一根长约两米的梯形大方尖，方尖的一端包裹着一块铁头，用作大榨锤撞击时的承力。方尖是由上好的檀树木制成，制尖的木工要有丰富精湛的技术，不是一般的木工所能掌握的。打榨的时候，五个大汉，四人用力推拉悬吊在大梁上的榨锤，一人在大锤的末端掌握榨锤撞击时的精准度，随着“一、二、三”的发令声，榨锤“砰”的一声有力稳准地击打在大方尖上，使榨鼓里的菜籽饼受力挤压，醇浓的菜籽油便会在这一声声撞击声中，一滴一滴地流淌到油缸里。

随着现代文明的快速发展，老式木榨油坊在人们的视野里将成为历史，机械式榨油终将代替古老的木榨。虽然它的产油率高于木榨，但木榨油醇浓的香味和那打榨时“砰砰”的声音，在人们的记忆里将挥之不去。

家　园　胡　冰

侄女出嫁那天，站在表哥家二楼的走廊上，我指着前方不远处一块水塘对几个孩子说，那水塘叫“胡家水塘”。在很久以前，我们家是这儿的望族，这一大片的土地都是属于我们家的。我的话并没有让几个孩子心生好奇，其实我能理解他们双眼面对这片土地的懵懂。故乡的村庄应该是盛放童年的老井，是少年纵情的地方。而这几个孩子从出生到成长并不属于这里，甚至连我也不是，因为我除了儿时偶尔来这里待过外，没在这儿长期生活过。

都说家族的历史就像一条蜿蜒的长河。听长辈们讲过，我们家的先祖，在很多年前从湖北移居到青阳一个叫茅坦的地方。一脉微弱的根系，在江南的土地上经过岁月的磨砺，长成了一棵大树，开枝散叶，参天挺立。据闻，当时的家族在长江上做盐运生意，因为那个年代几乎没有公路铁路，交通运输都以航运为主，所以生意做得很好，家道殷实。

随着生意越做越大，为了出入方便，我的曾祖在20世纪30年代从

茅坦来到老洲头，找寻到这个叫竹园的小村庄，定居下来。在这里置田买地，生儿养女。经过几十年的繁衍生息，到我记事时，就有我祖父、大爹爹、小爹爹三家。那时相比村里其他种田的家族，胡氏家境优裕，男人从小读书，长大后娶的都是当地名门闺秀。记得小时候听我大姑说，我大奶奶是凤冠霞帔坐着八抬大轿嫁过来的。满村人既艳羡又妒忌。我祖母姓高，竹园本村人。在竹园，高姓是大姓，除了我们胡氏一门外，全村人都姓高。在大姑的描述中，祖母个高肤白，相貌出众，性格活泼，和柔中有刚、饱读诗书的祖父是一对令人称道的佳偶。祖母的任务就是生孩子与打麻将，她生过很多个孩子，但最后只留下我大姑、二姑与我父亲姐弟三人。祖母在我父亲很小的时候就过世了，连一张照片画像都没留下，她的墓也在1954年，被大水冲走了。在祖母过世前两年，家道开始败落。我们家的船在长江里被别人的船撞沉，后来又陷入无休止的诉讼中。到我父亲读书时，祖父完全丢弃了航运，成了一个纯粹的农民。

祖母英年早逝后，祖父未再娶，一个人生活在老家的老房子里。我对祖父有印象时，他已是个鹤发的老人。如同这个被我视为家园的村庄，在我眼里，仿佛从没有年轻过一样，形成时就已垂垂老矣。或许在我幼年意识中，村庄必须是位老人，必须要活成祖父的姿势。凹陷的面颊，龟裂的皱纹，一双青筋暴露长满老年斑的手，还有沉默，不苟言笑。对祖父的印象最深的一次是，有次回老家，他冲芝麻糊给我喝，因为放了太多的糖，被从小就不喜甜食的我在尝过一口后放下了碗。少顷，我看到他端起我放下的碗，一饮而尽，喝完用手一抹嘴，起身进了厨房，留给我一个孤独的背影。

这个家族男性很少，而且都因为读过书离开了这里，去外面工作，在外面娶妻生子。留下的是三个不识字年长的姑妈。大爹爹家的祖屋给了我的一个堂姑姑，我们的祖屋给了大姑妈的儿子，也就是我的表哥。除了她们，已经没有胡姓家族的人生活在这里了。但村前的墓地里，却有很多座胡姓家族成员的坟墓，他们在离开村庄几十年后又回到了这里。清明冬至，四面八方的胡姓后人都要赶到这里，祖坟里的先人心安理得地接受后人的祭奠和怀念。他们的音容笑貌像暮色时分升腾起炊烟淡薄的尾声，在时间苍茫的烟波中渐渐化为乌有。

老去的人走了，活着的后人依然怀揣着他们的品质行走于世，举手投足间都带着他们的影子。

祖父过世那年春天，我跟随父母回来奔丧。那时的我，扎着有蝴蝶结的小辫，一蹦一跳地走在田埂上。蚕豆花和豌豆花特别地舒枝招展，一看就脆生生的，到处飘荡着春天的气味，一点也没感觉到父亲因为祖父过世带来的悲伤。后来的几天，阴雨绵绵，走在稀泥巴遍布溜滑的小道上，就不再那么惬意，便撒赖不愿出门。于是逗留在姑姑家里，和邻居的两个女孩玩，等待父母及许多长辈还有表哥表弟他们上坟归来。

父母在世时的每个暑假，我都被送回到这里的姑姑家待一段时间。姑姑住的房子，建于20世纪60年代初，青砖小瓦，所用的支架全是上等的木材。据说在当时，是方圆几十里最好的房子。三间正屋加一偏屋，中间是堂屋。我们回去，姑姑就把大房间让给我们睡，她与姑父睡后面放粮食的屋子。偏屋是厨房，堂屋后面靠后门边是矮矮的鸡屋。夏天味道特别不好闻，我不喜欢。多年后，回去给父母上坟，常常会在姑姑家住上一晚。临走时，姑姑总会从那里摸索着捉几只鸡出来，给我们带上。鸡从老家一直叫唤到城里，那声音我们都爱听，那是老家的声音。

我最喜欢姑姑房间那张老式木床，宽大的床架，睡三个人都绰绰有余。床前宽宽的踏板，踏板的两头巧妙地放置两张小床头柜，与床和谐统一。姑姑过世后，这张床我就再也没有睡过。

后来几年，姑父一个人住在里面。但因为年久失修，在他过世之前，择地另建了一处住房。姑父病重时，我一个人还去过那里。房顶已经坍塌，墙角蛛网纵横交错，那张熟悉的大床还在那里，上面落满了尘土。正值寒冬，凛冽的北风长驱直入，穿过空荡荡的屋顶，像是梳理经年累月的琐事，让人倍感凄然。

人们说，一个人可以阅历无数的城市和无数的村庄，但被唤作故乡的却只有一个。故乡是一个圆，每个人就是这圆上的一个点，无论绕多少个圈，人最终还是会回到原来的那个点上。所以尽管我从来都没认真仔细地对我的故乡进行过深度地阅读，但竹园这个小小的村庄，依然在我的面前呈现出了它本来的面貌。她是我命运的渊薮，是我心上永远的制高点。我可以随意进入她、看她、闻她以及抚摸她，因为只有她才是我灵魂与肉体上真正的家园。

昨天的村庄

叶全新

我们都是从土里来的孩子。

这个秘密是在城市里发现的。有好几年，我每天都和一个孩子在一起玩。从他生下来那一刻抱起他，到手牵手。跟这个孩子一样，我被一座城市重生了，我们俩都是这个陌生世界的陌生人类，这一点赋予我和孩子共同的秘密基因。

我们和许多幼儿成了朋友，我们在24层公寓楼里发现5楼有一处小花园，那里有城市里的稀有物种——土。几乎所有的孩子都以千万年遗传下来的眼睛，发现土，惊喜热爱地扑向月季与枫树之间裸露的一片片小块土地。我们在上面用手指挖土，抓石子，捧树叶，捡花瓣，找蚂蚁小虫，抢夺小棍子，满手泥巴，然后孩子们哇哇大哭着被拉走。

能哭是幸福的，真正的悲哀是不哭却要离开。

终有一日，生命像一片土，被一层又一层的落叶花草杂物覆盖，变成堆积层。

这些年在城市里走，路面像一个谎言，编织得日益没有缝隙，坚固巨大的玻璃幕墙却加重了人心易碎的感觉。越走，越发现城市里没有石头、砖块、瓦片，我们必须被组织起来，参加某个前往农庄的亲子活动，才能一睹泥巴的真颜。

村庄到哪儿去了？

村庄是一首诗，城市是一幅画。

人们总是喜欢画，喜欢自己被现代这支笔画在某张特定的图画里。而诗，就像父亲的水稻田，是可以将芜杂丢弃的后方。

我就是那样把它丢弃了，或者说被它放逐了。

我曾经有一个村庄，其实这不是秘密。每个人，尤其是女人，心里都有一个村庄，她们在那里肆意快乐地生长，像一个重复的梦不断出现。区别在于，我是真正有一座小村庄，并且它在湖边。湖畔的村庄，算得上双重幸福。

安徽省枞阳县城里，有一片西东走向的城中湖“莲花湖”，宽阔浩

渺。在湖的中部地段，湖畔有一个村庄叫小方家墩，因为在湖的北面曾经还有一个姐妹村叫大方家墩。沿湖的方姓祖先与中国清代一位文学家有关，即桐城派三祖之一的方苞大师。莲花湖在20世纪80年代之前，一直是枞阳县城百姓心中的一座丰美的鱼湖，因它起源于方苞祖业小方家墩的养鱼塘。岁月更替，流水成湖，鱼塘已变成一片广袤荡漾的金色大湖。

守湖的方姓族人，世代以湖为生。新中国成立后，鱼湖归于国有，在小方家墩南面临湖岸上建起养殖场。20世纪60年代，我父亲叶超从枞阳农业局调任此地场长，全家从枞阳老城大会堂隔壁的农业局搬迁到这座湖心岛般的村庄。那年我大约十岁，即将考枞阳中学。

从此，一篇童话翻开了第一页：在一个小岛般的村庄里……

2500多年前，长江北岸有一片阳光眷顾的土地，在众多山峦朝向太阳的南面，长满了高大的绿色枞树。第一个登上江岸山峰的男人，望着涌浪般的枞树，对他的女人说了一个名字——“枞阳”。

世上万物之名充满宇宙灵性，先人就这样为我们留下了诗一般的地名，诗一般的城郭，诗一般的家园，以及真正的诗人。

在水一方，并不光有佳人。江北多俊才，湖畔出诗人。方苞家族不知从哪一代起，在这山水之阳的湖畔聚居、繁衍、摇橹、捕鱼、种荷，湖面上莲花盛开。于是，一朵花卉的名字就够了。所有的诗文，所有的情爱，所有的壮怀，都在这水中的一朵花间。

莲花湖。我最小的妹妹六儿，爱它如痴。父母生子六人，后三个一弟二妹，都是生在湖畔家中。有一年邀请小六来西湖玩，一眼瞧见，妹妹大惊：“这不就跟我家莲花湖一样的吗？”可是天下人仍是要来看西湖，因为断桥与白娘子只在这湖上。

妹妹从此不想离开莲花湖一步，因为我们的故事也只在这湖上。她

枞阳莲花湖公园雪景

家居所三迁，每次仍绕湖而栖。

贾宝玉有句话说得最尽，他说：“女儿是水做的骨肉，男儿是泥做的骨肉。”机缘难测，或许我的前世非水即花，从莲花湖到西湖，总是清莲相随，荷香如故。

生命的奇异与美丽，正是在“你想，你就拥有”的灵性中。

虽然每一天，莲花湖都在我们眼前盛装出席，生命中才有了此后源远流长不可思议的优美画卷，但在记忆最深处还是它生育的季节——莲花湖的冬天。

那曾经是它美丽得痛楚的月份。年轻时，我曾因流产在湖边母亲家里休养过一段时间，正是养殖场冬季开河期间。开河，也叫开湖，就像湖的生育期到了，人们要开始捕捞那些鱼儿了。一年四季，养鱼工人下河放鱼苗、撒食料、捞野草、日喂食、夜巡湖，都是为了冬天的开河季。

前夜。仿佛鱼儿托梦，半夜里数次压紧肩头被角，寒气从湖面上丝丝入窗，静寂中好像传来湖底寒流的呻吟。隐隐有种预感，我们同是生物，也同样会被捕捉。从小年年冬天看打渔，看到出湖的船头驶破薄冰，湖岸上发出我们欢呼胜利的大叫。小孩子不准上船，只能沿湖边跟着船队跑。那时从未感觉，湖被刺破的痛楚，冰，原也是湖水的一种抵挡方式。

可是那夜，一个准母亲，一个如此热爱生命却失去的女子，她在莲花的爆裂中，在寒流的气喘呼吸中，听到了。

冬天凌晨的莲花湖摄人心魄，漂泊的白雾笼罩湖面，像堆积的丝巾柔滑无骨地浮荡。西边的小城屋宇，沿湖树木村庄，都在这个时刻复活，它们随雾晃动、变形，如海市蜃楼般时隐时现。这些与湖相伴的静物其实并非看起来那样安顿，深夜的渴望化身为黎明的舞台，春宵一刻值千金，湖比人更懂。

但黎明其实是夜的叛徒，它在最后一刻投奔了白昼，任凭一湖白雾如丝帛碎裂，片片缕缕，天地间无可遁形。

还在黎明的梦中，忽听湖面上如千军进发，鱼梆同时敲响，声震如雷。顿时满湖枪林弹雨，鼓声交错，分秒不停。翻身起床奔去开门，额前一片晶亮炫目，屋檐下竟挂着长长短短的冰柱，像冰剑一样闪烁。“结冰了！”我冲向湖边，心里想，那些冰柱是鱼儿变的吗？

一条船正驶向下坝的湖坡，我母亲彭迪霞，养殖场会计，正坐在石头坡上噼里啪啦打算盘记账。渔工脚上的长筒黑胶靴往下滴着湖水和黏稠的鱼液，欢天喜地抬鱼过称。渔工的大手都像他们经常吃的湖蟹一样长着通红铁钳，牢牢钳住活蹦乱跳的鱼儿，扔进箩筐，再抬下船仓，倒在高处平地，一会儿就堆起一座小鱼山。但鱼是滑得不甘心的，它们甚至无法被堆积，接二连三地倾倒，刚刚形成山尖，瞬间又散落成更大一片，逃窜的鱼们在干枯的碎石上以它们绝不擅长的方式拼命蹦跶，直到奄奄一息。

转头看湖面。列队的渔船正在撒网，高大的老渔工朱伯伯站立船头，随着他的双手挥扬，阳光从无数渔网中湿淋淋地奔涌而出……你见过淋着水的阳光吗？

湖深处，鱼与网的战争爆发，然后鱼儿以被俘者的身份出水。它们晶莹的身体堵塞了大部分网眼，阳光穿越湖上的空芒，清晰地射在渔网里，鱼群变成一座座银色山峰。

冬天，就是这一刻真正降临的。

我走回家。发现一群弟妹们手拿竹竿，正在敲击冰溜子，“化了，化了，淌水了！”一声脆响，一排冰剑从阳光中打断迸裂，飞玉四溅，粉身碎骨的一刻，竟比完整时还要瑰丽。

昔日莲花湖养殖场占据村庄临湖南面最好位置，场部依山势建成前后院落，中为主楼，上下两层，正中楼道，二楼全部铺设红色木地板，伏在二楼木栏杆上，望呆了一湖风月。

大门院墙两侧栽种的青青小白杨，跟着我们一起长成了枝叶繁茂的大树。放学时一步三跳跨上楼梯，左转上楼，再右转通向后院。连接二楼与后院那里，有一座小小的石砌门廊，大约一米高的正方形，地面中心刻着一朵凹凸的梅花，男孩子们还曾在廊檐顶上吊过铁环练习臂力。从这里走下五六级台阶就到了后院宽敞的平地，二楼与后院的地势落差，正好是台阶的高度。为了安全，门廊两边围栏的高度便跟一个十来岁小孩的个头差不多。跑下台阶回望，粗粝的米黄色水磨石门廊竟像一座露天小舞台。事实上那里确实是我少年时的罗马剧场，道具是妈妈的长围巾，飘飘洒洒的效果简直迷死人。当然只会迷死我自己，因为门廊的角度足以让我眼观前后院，耳听四方，这秘密真的没人知道。

后院与前楼后墙之间，有一道宽约一米，高两三米的深沟，原先的山头被劈成两半，前山夷平造楼，后面依山势前低后高建成东西向的后院，坐北朝南建一大长排平房和宽大的外廊，像军营一般整齐。这排房子最西边是场部食堂，中间有办公室、会计室、保管室，还住过单身职工和三户家属。我家在大院西头，有两间房，西间在食堂隔壁，东间与妈妈的会计室相连。心灵手巧的妈妈很快就在走廊过道上隔出一间小厨房。

沿着后院深沟边上，工人们种下了许多花树果树。春天杨柳飘絮，沾在晾衣绳上起舞；我家厨房外边，一片桃花清丽地开出春天；西墙台阶边，有一棵高大的洋槐树，每年花开犹如雪日，阵阵清香随风穿过院落。

这院落有近千平方米呢，东边与村庄隔断，高墙一直围向前院大门。西边围墙沿着山势往上，靠近食堂屋边开了一道后门，通往山后的村庄。

每日里从后门穿过村庄走到枞阳中学去。后门外简直是另一个世界，那个世界与我家仅有一墙之隔，它是一座真正的村庄。想到这一点，至今还让我骄傲。

在老城住家时，我经常失踪，妈妈会派人到两个地方找我。一个是老枞阳电影院门前，那里长年摆连环画地摊，一分钱到五分钱一本，看画书的厚薄。神话与战争，都是从那片神奇的地摊上进入最初的心灵。另一处远得多，要从枞阳大闸下去往前走，江边广阔的田野，在孩子眼里就像一片古战场。

秋天我喜欢去那里，许多孩子带着任务在那片土地上捡秋，还有老人，他们在地里捡拾收割后撒落下来的各种谷物，如黄豆、土豆、麦穗。下山前的金色太阳，恋惜地抚摸着大地上的一切，一粒小豆子也能让孩子们发出惊天动地的喊叫，而老人们则沉默如一座悄悄移动的山峦……后来长大看到法国画家米勒的油画《拾穗者》，就一直把这幅画挂在我的莲花湖家里。

感谢上天的恩赐。童年时，父亲把一座农耕文明的版图送给了我们这些喜欢土地的孩子，我们得以与方家墩的村民们同住湖村一隅。六七十年代的湖村已是杂姓聚居的大村落，其中以方、董、纪、陈等姓氏为多。我四妹叶勤便嫁给了村中董家，后来又接母亲的班，一直在养殖场工作居住，她也是近年最后一个撤离村庄的叶氏姑娘。

所以，小方家墩是我们生长的家园，父老乡亲是我们的亲人。

那时的莲花湖湖面没有这样大，它被大小方家墩分开了。上中学时，我们往村庄后面走，经过邻近的几户人家，从菜地边下几道土阶，走上小鱼塘塘埂，便到了北边村头。大湖即在眼前，村头一条小路将莲花湖两边分开。沿着小路往西边走，即是大方家墩的村庄外围。一道高高的堤坝又分开湖水，顺着堤坝就到了枞阳中学墙外。

这条路线走完了我的少年时代，也读完了当时能看到的小说。只要不下雨，我在路上总是边走边看书。长长的湖岸一路与《上海的早晨》《晋阳秋》《苦菜花》《红日》《青春之歌》相伴相泣。

现在朱铁骨将军的别墅仍在湖边，从前那座小山就在我们大院的后门外，山顶是全村的高地。虽然它是这座小岛的制高点，准确地说，只是一片坡地，但一点不影响它立刻成为我心里的原始森林。满山覆盖密密的杂树丛林，青藤与野生月季，还有数不清的花草在丛林中纠缠、攀援、竞相开放，野兔出没，知了鸣叫，蝈蝈声嘶力竭……天啦，这样的荒美之地，它们离我睡觉的小床直线距离还不到50米，想想吧。

村庄的安排远不止森林，我们走出院门，后边即是小方家墩的南边人家，过去他们直接临湖，现在被挡在高大的养殖场后面。这里有我们童年游玩的阳光小广场，其实是村人打谷的稻场。四周农舍茅屋围合，南边最高的地基上是当时村里最好的一处院落，一座青砖黑瓦平房，住着和我差不多大的翠霞一家。她的爸爸在县粮食局工作，所以有经济造

枞阳岱冲湖汪山

砖瓦房子。然而那时的孩子对任何材料的房子都没有感觉，只喜欢裸露的土地，水田，河流，还有像翠霞家门口的两棵丛树般、开了又开的栀子花，方家小奶奶茅草院子里鲜艳不败的端午槿，董大爷菜地边上八月里一定会开的桂花。

最美的，是冬天在湖面上开的雪花。那是我们盛大的节日，没有一个孩子会在家里待着。清早有人叫门，有时是东边村头的纪大娘，她的嗓子像一面铜锣，可以随风传到整个湖面，多半是在喊她许多儿子中的一个，有时她会连着把一个个名字都叫出来，当然最后那一声才是她要找的孩子。她会在下雪天里叫门，所有的人都会醒，她会在雪地里拔一堆水灵灵的萝卜送来。有时候送菜来的是后边小奶奶家刚进门的新媳妇，村里人家娶媳妇都叫“新娘母”，开始都这么叫，唯有这方家的媳妇一直到老，人们都还叫她新娘母。这新娘长得好看，圆脸，长长的丹凤眼，薄薄的唇角往上翘，整天都像笑着。我喜欢她身上的妇人味道，就是莫言说的丰乳肥臀。下雪天，她就听婆婆的吩咐，到地里割韭菜、白菜，到地窖里刨一堆山芋送到我家里。

“大姐起来了吗?”就像村里人奇怪地一直叫她新娘母一样，这个村庄里的人不分老少，一直都呼我“大姐”。“你是叶家大姐吧?”外出多年的人还是会这么问。可能我的弟妹们太多，但是给我弟弟的称呼也是很奇怪，“五老爷。”他们叫他五老爷，从他生下来就这么喊。母亲说这是村里人知道，她唯一的这个儿子是到莲花湖之后生的，他们都为她欢喜。老爷在当地也有最小的意思，最小的一个爷们。这五老爷就和村里同龄的男孩们一起玩泥巴，滚鱼塘，掏鸟蛋，捉兔子……直到村里人都来送他，参军离家乡。

我们就这样成了亲人。

渔场的工人在湖边挖了一口井，以过滤与之相通的湖水。莲花湖就这样，养鱼，也养我们。无论内心处于怎样的荒岛，心地总有一汪泉的滋润，总有滋养的力量让自己不枯萎。

那样的力量在村庄的泥土里，稻田里。青草池塘处处蛙，唐诗宋词都在湖畔行走——青箬笠，绿蓑衣，斜风细雨不须归。

在村庄里走，满眼土壤花草，青菜豆苗。一抔土，一棵苗，也是生之气息，它们曾在黄昏的村庄上空缭绕。炊烟，饱含原始人类至今的气息，组成村庄的味道。这样的味道陪伴我们从童年到如今，那烟云里有新娘母家、翠霞家、纪三爷家的：花香、芋香、瓜香、豆香，有腊肉腌鱼、鲜虾螺丝让人直吞口水的饭菜香。我们几乎吃过村里每户人家的饭，抢过每家娶新娘的喜糖。

后来我的家也在莲花湖北岸的湖畔，昼夜与我的村庄隔湖相望。望见村头大树，春来一片新绿，夏日一带繁荫，秋天飞舞金黄，即使冬日严寒，叶子落尽，枝干横空，赤裸的线条依然庄严，真实。生命中自有一种绝不妥协的美。

十年过去，重回湖畔。湖村消失在湖水里。自我幼年进村，村里没人盖过楼房。村里最老的爷爷说，政府讲可以做屋但不能盖楼，将来这里要造湖心公园。于是村里人都在等，从少年等到青年，又等到老年。因为等待，湖畔村庄得以保持纯真原味；因为等待，他们守候着自身的古老质朴。

不是离去才有乡愁。当消失无处不在的时候，乡愁就在了。

某年，我在城里报社上班，天天走过村庄，某日看到村中土墙上刻了一行字：叶全新你好。我不知道那些看着我长大的村人，那位问候的无名氏，现在他们都搬迁到哪里去了？他们是否知道，我已带上湖畔村庄旅行远方……

我们都是土里来的孩子。我们终究，要回去。

枫香树　胡曦露

晨起大雾，窗外有山，听见咕咕的鸟声。

12月1日这天，回老家双枫村做冬至。做冬至是我们家乡这边的风俗，冬至节前，亲眷们会择一吉日拜祭祖先。双枫村是我爸爸妈妈从小长大的地方。从枞阳到双枫不到半小时车程，村里还是老样子。一条羊肠道几十年如一日地贯穿两边的田埂与农舍通向远方。爸爸指了指右手已经不存在的祠堂对我说："那里，原来改造成了学校。我们小时候，就在那儿上学。"

家人聚集一起，也是一支浩浩荡荡的队伍。路上蒿草荆棘丛生。父辈们边走边回忆童年往事，路上笑声朗朗。

在爷爷墓前，姐夫掰断枯枝，刷刷几下，扫净墓前的落叶。周围环绕着几棵巨大的松柏，仰头便可望见松柏围拢而成的一小片安谧的天空。小姑站在身后说："前两天我梦见他老人家，还是戴着那顶线帽子。笑眯眯的，和以前一个样。"爷爷的墓两年前修整过一次，那是

2016年，当时在从双枫回枞阳的路上，恰如其时地下了一场大雪。小侄女在车里赞叹："雪花好美，像蝴蝶一样。"

"亲戚或余悲，他人亦已歌。死去何所道，托体同山阿。"一个大家族的三代人，怀着认真也洒脱的心情，做完一年一次的冬至后，回到枞阳便围着一大桌冬日佳肴，个个被热气腾腾的锅子熏得脸红红，享受着切实的生之喜悦。

第二天我便从枞阳回上海。经过铜陵长江大桥时，江面雾气尤其大。一路坐在副驾驶座上，忐忑盯着前方，思绪总在翻涌——上海、枞阳、双枫，对我来说像是一次寻根之旅，若在往年，也不容易有这样的机会。今年因为胃病来势汹汹，休了长假，在枞阳住了段日子，反而有了更多与家人相处的时光。

这两年，心态可能一直被焦虑紧张所控制着，就像一辆性能不好的破车穿越沙漠，时不时熄火，又经常卡在人生的极窄处。身体告诉了我很多东西。也许真是老天厚爱，他索性让我暂停一段时间，重新感知这个世界。

感知到什么呢？说不好，只是躺在床上什么也不用做、什么也不用瞎操心的时候，我居然一下子就原谅了自己庸碌苟且的这些年。想起《虎啸龙吟》那段对白，司马仲达问孔明："人这一生，依依东望的是什么？"孔明回答："望的，是时间。"当暂退成生活的旁观者时，我仿佛真的可以与时间肩并着肩、手拉着手了。那些日子我最好奇与关注的，是身边人是如何度过这一天的，心里有了一杆秤，称着他们每天的生活重量。

除了身体抱恙，这或许是我这一年最丰厚的阶段。爸爸工作很忙，妈妈退休以后便投身她热爱的歌唱事业，但得知我生病后，第一时间放下手边事，赶到上海陪护我。住院那一周，夜里听见爸爸坐在护士发来的折叠床上念《心经》，当时还奇怪为什么老爸开始有这个爱好？后来他告诉我，《心经》是给我念的；后来身体慢慢康复，早晨一觉醒来，看见妈妈伏在被窝上看着我眉开眼笑；瓢哥叮嘱我“一定好好休息，好好保养”，变换着措辞与语序，重复了三遍；外婆看见我康复终于放下心来，阳光明媚的日子，她背对阳光，坐在藤椅上，可以平平静静地剥着一个柚子了。更别提远方朋友与同事的祝福。荣辱、欢娱、诱惑、牵绊都繁杂而轻盈，而给予人的真诚关怀，好像重力一样，有力量沉到心底珍藏。自私胆怯如我，何时能领受一二呢？

那些从家乡赶到上海照看我的姑妈、姨妈与婶婶，一半是担心我，一半是在分担我父母的压力。很多一辈子也没有出过远门，学不会如何经过地铁站的闸机，在火车站附近的商店逛，自信不如老家的东西价廉物美。我从小在她们身边长大，现在她们已经是奶奶辈的人了，但精神反而比从前更加饱满。她们都是这个世界上的普通人，不懂什么雄心壮志，却也个个像久经沙场的老将，千里迢迢、风尘仆仆而来，亲热地握着我的手，手掌有长年累月操持辛劳留下来的厚实感，而整个人的状态是热气腾腾的、笃定又

枞阳县白柳镇山河村大樟树

温暖。相比之下，这些年我读过的书，学会的措辞技巧，永远不想得罪人的微笑，都建立在一个非常空虚的心灵之上，我知道那不是真正的生活修养。时间浪费到哪里去了呢？我在心底非常地钦羡着她们。

出院以后回枞阳，又和家人们聚过几次，三代同堂，小辈的个头窜得特别快。大姐的女儿，已经快高考了，身材像个篮球手，以前会像炮弹般扎进我的怀里，叫声“七姨”，如今我得仰着脖子拥抱她。他们单独另组一张小桌子，自成天地。饭后就在院子里玩耍，捉迷藏、过家家，和我们这一辈小时候一模一样。爸妈的老弟兄老姐妹们聚在一起，觥筹交错、你来我往，倒有种真正放松的欢乐。下半场，借着酒意打打太极拳，唱个京剧名段《甘露寺》，再来一段《追韩信》，唱得好与不好，总要在喝彩声中罚酒一杯。

到上海后，听家人来电话问候，想想也很开心。到老来，他们反而像年轻人一样五湖四海，热热闹闹聚一场，各自操心去了——在上海，在南京，在长沙，在合肥，在铜陵，在枞阳……跟着自己的孩子走，跟着自己的孙子走。等到过年，再纷纷回来，又是一场团聚。

这段经历过去，如果对我来说真有所得，大概它让我明白：活着本身就是一件了不起的事，大可不必如此浮躁。起初，我认定的目标就像篮筐，一次又一次的起跳，离地面越远，离目标越近。最近不知不觉变了看法，人不该是越活越虚妄的生物，而应是在不断体验自己的渺小；他不该是向上跳，而应是往深处走，对自己在这个世界的角色有更深的承担、与同道中人有更深的羁绊。讲道理容易，做到难，只是这辆破车在艰难地扭正方向，朝前走，慢慢走。

记得做冬至那天，在拜祭爷爷的路上，第一次遇见老家附近那棵巨大的枫香树。父辈们都在回忆：“当年这树下的树根啊，大得不得了！四面八方绽开，我们小时候，都拿这个树根当凳子、当游乐场，在上面

银塘路秋色

吃吃喝喝、玩啊闹啊。”我看了看那棵枫香树，树根如今已经被泥土和枯叶覆盖着，完全见不到了。但我又无比清晰地想象出它的模样。假以年月，它必然继续深扎，在我们看不见的地方蔓延、伸展，越来越深潜地下，是为了有承托这棵枫香树继续生长的力量。我走过去时，心里有了一种领受与纪念。

钱澄之故里

钱新华

流水的日子真快，不知不觉退休回乡已有好几年了。

我是个50后，与同龄人一样，曾有过理想、做过美梦，也经历过饥饿、品尝过苦难。儿时住怕了阴暗潮湿的老屋，心里总是盼着“楼上楼下，电灯电话”。说来也怪，这人一旦满足了自己的欲望，在舒适气派的钢筋混凝土建筑物中待久了，反而又眷恋起了童年那段故园生活。随着年龄越大越对当初童年时代的乡村生活充满眷恋与向往。

我“解甲归田”，回到生我养我的那片土地，是因为那里有我熟悉的山川河流，有我喜爱的荷塘藕池，有我居住过的老屋，有滋养过我身子的那口古井，有承载着父辈祖辈曾祖辈，甚至更远一点的高祖、远祖辈们留下的生活气息与老物件，更让我放不下的是千辛万苦地养育了我们六兄弟姐妹的老母亲还在。

我的乡村，曾是一个山环水绕、草木丰美的乡村，是鸡犬相闻、夜不闭户的乡村，是采菊东篱下、悠然见南山的乡村，是“先祖田间公诗词歌赋中低吟浅唱”的乡村。然而，时代似乎将她慢慢地改写了。君不见，这些年，青壮年都到外面寻梦去了，留下的只是“白胡子飘”和“驮书包”的。正是还有这些“走不掉的”与“没有人要的”仍坚守在自己的老窝里，村子的夜晚才不至于一片漆黑，村庄的人气才不至于消失。

初回到家乡，我眼里常常见到：晨昏中，那些佝偻的身影伴着一把锄头，如钟面上的指针，在田间地头缓缓地画着一种不规则的圆；在村口塘边，几位年迈的长者倚着拐杖，反复地唠嗑着小村昨日里的故事。我不敢想象，一旦他们过辈了，那村庄又将是何处安放？

我知道自己回到村里也改变不了什么，只是觉得一代代人生活过的老屋需要我去看守，家里分配的二轮承包土地不忍抛荒废弃。我选择回到老家来养老，是退，也是守，更是生命中的一种最重要的归宿！

钱澄之故里麦元村

目睹着先人留下的一块块良田成了野兔出没的场所，看着一个拥有80多户人家的村庄几乎都不再养猪，走过那些长年紧锁的精致的小楼，或雅致的小院子的时候，心里不知道是唏嘘，还是惆怅。

我种了两亩多田地，常被一些朋友们戏称是“种田大户”。其实不算多，产出的粮油菜柴仅仅满足一家人的需求。欣慰的是，菜园里长出的瓜果蔬菜，全是农家肥和饼肥，从不用化肥，只有田里种的稻，或地里长出来的玉米、山芋等农作物用了少量化肥。每天采摘的都是新鲜而放心的蔬菜。吃不了，就让儿子带些走，或分送点给亲朋好友们尝鲜。

在田间劳作，虽辛苦劳累，但也收获着快乐！你看，春天，地里的幼苗钻出地面，看着它们自由生长，心里暖暖的；夏天，这些小生命开着五颜六色的花，争芳斗艳；秋天，它们似俏皮可爱的孩子，或涨红了脸，或笑弯了腰，或露着牙齿晒太阳；冬天，富余的粮食、蔬菜成了鸡鸭们的美餐。

在田园劳动，体验的不仅仅是一种慢生活，回报你的更是一种成就感。平日里，乡邻们见我这个教书出身的“旱脚子”（方言，即半路来的农民），经磨炼后，挑着百把斤重的担子显得很轻松，都对我投来了敬佩的目光！

乡村的农活是季节性的，有忙，也有闲。忙完农事，我可以静下心来，去品读“夙昔慕躬耕，所乐山泽居……床上何所有，一二古人书。芃芃陂上麦，青青畦间蔬。日入开我卷，日出把我锄……”这是先祖田间公（即被世人称为桐城派文化开山鼻祖钱澄之先生）诗集中的《田园杂诗》，因我非常喜欢这几句，常常总会不自觉地读给自己听。从这几句诗的意境、情感及艺术风格上看，先祖似乎在300多年前就为我“量身定做”好了。

至于先祖为何要自称“田间”？我以为，除了他有一种个人无法实

2019年“枞阳油菜花旅游文化推广周”主会场

现理想中的抱负而归隐山林那层意思外，是不是还有一种返璞归真层面上的考虑？生活在一个改朝换代的动乱背景下，身为前朝遗民的他，现实中遭遇的却是种种不幸与不公。然而逆境中的他，并没有因此而放弃自己的信仰与信念，以惊人的毅力与激情，时而纵情山水之间，时而踏访名山大川，时而躬耕在故土，时而奋笔在草庐，记下了一部部鸿篇巨制。在他的文献中，一幅幅田园牧歌画卷随处可见。如在这组《田园杂诗》中，他还深情地写道：“老农悯我拙，解轭为我耕。教以驾驭法，使我牛肯行。置酒谢老农，愿言俟秋成……”读着这样的诗句，不仅通俗易懂，亲切自然，仿佛觉得他老人家与我们是生活在同一个时代。遗憾的是，我再也无法去体验先祖那种农耕生活中的情趣了，因为先祖笔下的黄牛水牛原本是我童年的玩伴，如今，在小村麦园早已没有了，成了儿时的记忆，梦中的乡愁。

在我刚上小学时，因教室当时设在家庙内，每日一抬头就能看到房梁上悬挂着一块房门大小的匾额。蓝底彩绘，内镶“耕读传家”四个浑圆饱满的金色字体。多少年来，这四个字一直刻在我的脑海里，成了家训中的一项重要内容。

有人说，晚年的田间公，艰难困顿，经济窘迫。常常不是卖文为生，就是靠朋友接济。是的，先祖一生几乎是在一种清贫的生活环境中度过的，他虽然穷困却没有潦倒。这或许也是世人敬重他的一个原因吧。一个逆境中的前朝遗老，晚年就这样安贫乐道地坚守在故乡贫瘠的土地上，边耕边读，直到淡定从容地走到人生终点——81岁。不难想象，那个时代的81岁，是多少人羡慕的一个幸福指数！每当我遇到困难的时候，眼前总会感觉有先祖在鼓励着我。幸运的是，我生在一个好时代，晚年又赶上了一个重视文化振兴的时代！

常言说“人活一口气，佛争一炷香”，人只要精神好就有活力，人的心态可以决定人的生活质量，可以决定人的幸福感，甚至可以决定人的健康和寿命。有统计显示，在现实生活中，我们这些50后的人幸福感最强。是的，经历过苦难太多的人最容易珍惜当下。

人生就像是春夏秋冬四季，而退休后的我正处在生命的秋天这个节点。在这样的季节里，我选择和绿水青山一起，和庄稼蔬菜一起，和孤独的老人一起，和弱小的孩子一起，和祖祖辈辈的灵魂在一起，守望乡村，做一名田间的传人，无怨无悔，知足快乐！

故乡原风景

徐连祥

双休日的清晨，起了一个早，带着6岁的女儿回乡下。女儿兴奋地坐在车上，心情特别好，眉眼间盈满了欣喜，那是一种发自内心的欣喜，单纯而透明。乡下，对出生于小城的女儿来说，是美丽而有些陌生的，有着无穷的魔力。前年春天，也是在乡下，她看着满山遍野的草地上开满了各色的小花，竟然怯怯地抬着腿，不敢下脚，并不时地提醒我们：别踩疼了小花小草！

晨光熹微，道路在风中急速地后退。车窗外，树在奔跑，村落在散步，田野在旋转。乡下的绿色，在风中此起彼伏，泼墨般的，真是奢侈啊，一大片连着一大片，像一条巨长的流水线，滚滚而来，又依依而去。下车后，牵着女儿的小手，在一条发白的小路上，慢慢地往回走。风儿迎面扑来，柔柔的，有着淡淡的炊烟味道，呵，这是一种多么亲切的味道！令人在呼吸吐纳之际，心中便顿生一种久违的舒畅与安逸感，像一双温情的手，轻抚着游子躁动的心。

这条路并不长，女儿雀跃地走着。正在家门口洗衣服的母亲，看见孙女回来了，赶忙放下衣服急切地迎上来，一把把她搂过去。而女儿对奶奶的嘘寒问暖，似乎并不在意。她的目光早已飞到门前的那片草地上——她想看露珠。小草们绿莹莹的，露珠们在早晨柔和的光线里，还没来得及蒸发，密密地缀在细长的叶片上，在晨光的斜射下，亮晶晶的一片光芒，交互四射，如无数颗钻石，镶嵌在翡翠般的天幕上。女儿惊喜地看着这一切，稚气的小脸红扑扑的，漾着甜甜的笑。然而，露珠是何时谢的，她却不知道了。因为在草丛里，她又发现了一种圆球状毛绒绒的植物，便拉着我去看，我把它连杆摘下来，说，这是蒲公英，然后放在嘴边吹，便有许多小小的“降落伞”四散飘飞，女儿瞪大眼睛，立即被这壮观场景吸引了，开始到处觅寻蒲公英，然后也向前倾着身子，鼓起腮帮用力地吹……接着，她又看到灰黄的草垛旁，一群鸡鸭正伸缩着脖子，在寻找地上的谷物和草丛里的虫子。她也跟着凑热闹，急急地贴过去，吓得鸡群四散而逃。女儿围着草垛走，探询般的，久久注视着，突然趴下身子，在一个草窝里，捡到了一个温热的大鸭蛋。

来到田野里，青青的秧苗，已发棵了，在风中疯长，翻滚着绿色的波浪。半青半黄色的油菜角也沉沉地，低垂着头，离收获很近。刚开始，女儿说她要去池塘里看小蝌蚪。可这时节，蝌蚪刚刚“收起”尾巴变成青蛙。大地上，花花绿绿五彩缤纷的，蝴蝶振翅，蜻蜓翔舞，藏在角落里一声虫鸣，天空上滑过的一句鸟语，已让她目不暇接，惊喜不断。蝌蚪已被她抛到了九霄云外。我捉到了一只大蚂蚁，比城里水泥地上的蚂蚁要大数倍！捏住蚂蚁的两只后腿，它悬空着，触觉伸展肢体乱舞，女儿采来一片淡红色的花瓣，喂到蚂蚁如钳子般的嘴里，还一边柔柔地说着：蚂蚁乖哦，吃噢……那情景，如我们平时哄她吃饭睡觉别无二致。

跟我儿时的村庄相比，现在，留在村子里的人已越来越少了，年轻人都进城打工去了，野草蔓生，盖过了曾经的乡路。许多的鸟儿，在无人的时候，竟大胆得很，飞进农家的场院，与鸡鸭争食。这个我土生土

枞阳岱冲湖春景

长无比熟悉的村子，这些寻常的乡土风物，在这一刻，却成了女儿的开心乐园。也许，在她的视野里，这片略显陌生的土地上，呈现着许多生命的秘密，生长着许多生物的传奇，也带给她许多发自内心的欣喜。我感慨并反思于她的惊喜，女儿今天眼里的这一切，也是我无数次目睹过的，曾经，面对这些风景，我也是像她这样惊喜的吧？只是，不知道生命是何时开始麻木的，一天又一天，行走在漫漫人生路上。我们丢掉了对这个世界最初的新鲜感，丢掉了对大自然敏锐的洞察力，丢掉了原本属于自己的那一份美好和简单的快乐。也许，这世间真的没有寻常事物，只有缺乏审美的寻常心而已。

岁月如流，天地间有大美。当你在生命中的某一个晨昏，回望旧日时光，终会发现：即使再平淡的人生轨迹，也沉淀着精彩的风景，潜藏着别样的快乐。

第五章　枞阳味道

枞阳的味道
是泥土的味道
是母亲的味道
挂面情深
丝丝缕缕

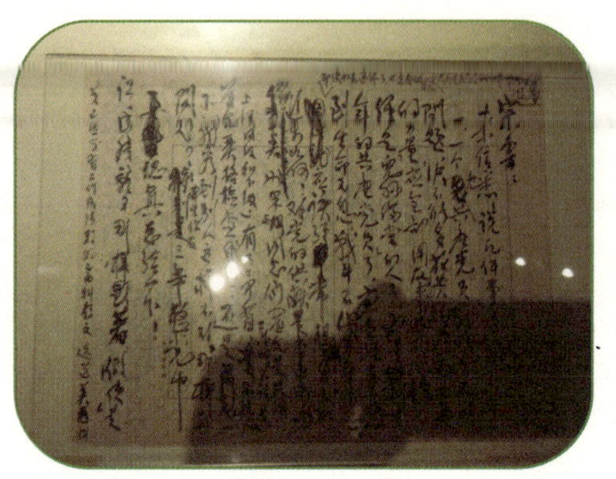

黄镇的家书

黄镇四小碟——黄镇将军当年回乡想吃的菜

周信保著《黄镇将军回乡录》

生腐突炉子锅

钱叶全

“生腐突炉子锅”，这句话要用原味的枞阳话读，才能有炉子锅味。而这句话里还有一个关键的动词——突，这个“突”字比炉子锅更有味。

方言里的“突”，是枞阳人饮食里的文化基因。不接触枞阳人，不接触一顿“生腐突炉子锅”，要想了解枞阳人是不可能的。

吴汝纶就比较“狂”。他崇拜先贤姚鼐，讲了这么一句话：“《古文辞类纂》一书，二千年高文略具于此，确为六经后之第一书。此后必应改习西学，中学浩如烟海之书，行当废去，独留此书，可令周、孔遗文绵延不绝。”敬仰姚鼐的一本书，夸下“中学浩如烟海之书，行当废去”的海口，我觉得有点“狂”。这海口是不是吴汝纶当年回会宫老桥就“生腐突炉子锅”，喝了点酒所发，未可知。

因为“生腐突炉子锅”很简单，炉子锅是泥巴做的，会宫老桥那边黄土岗多，枫树杂木也多，老桥的土窑，高甸的土窑，雨坛的土窑都容

易烧这种东西。烧出来的炉子锅黄泥巴色，有一个进风口，梯形，像书法的扇面，炉膛有若干拇指大的孔，上面放炭，引火后，木炭能持续燃烧，炭火炽烈时，“生腐突炉子锅”就是枞阳乡村的一幅“乡野趣烹图”。

有老酒，就点老酒。如炉子锅凉了，对着炉子锅进风口吹一下，那炭火又闪出火星，小炉子锅又突起来。

吴汝纶是菜籽湖边人，怕冷，在曾国藩幕府里起草公文，时常熬夜，大冬天的寒风里，烧点家乡的“生腐突炉子锅”，身子一暖，毛笔就写下这样一段话：“今外国之强大者，专以富智为事，吾日率吾穷且愚之民以与富智者角，其势之不敌，不烦言而决矣。而所以富智民者，其道必资乎外国之新学。盖非广立学堂，遍开学会，使西学大行，不能保此黄种。”

曾国藩接过此段文书，在吴汝纶的“生腐突炉子锅”前，正儿八经地敬了吴汝纶一杯老酒。其实，比吴汝纶更崇拜姚鼐的恰恰是曾国藩。

“扩姚氏而大之”，他知道，只有眼前的吴汝纶做得到。曾国藩看到炉子锅里的“突”，突然感到桐城派文化的内在生命张力。这杯老酒浑厚宏肆，很有力度。

桐城派不灭，“生腐突炉子锅”也不会灭。

白话文最大的好处，是什么话都说得出来；网络语言的更大好处是什么词都生造出来。但中国的文字是承载信息的，是中国基因的密码。语言与文字是两码事，网络语言与书面语言又是两码事。“生腐突炉子锅”是语言，但不是桐城派文化。

桐城派文化的内在生命张力是千古高文，是曾国藩眼里的“雅洁”，每个词每个字都有中国传统文化的基因。激进时打倒桐城派，恨不得一脚把“生腐突炉子锅”踹翻，不吃了。中国人真的不吃饭了吗？

什么文化是中国的，什么文化是世界的，什么文化是枞阳的，开展

一次“生腐突炉子锅”论坛，我觉得在下雪天聊聊天很有意思。

古文我不太懂，但桐城派文章一定很雅洁。所谓“雅洁”，是桐城派古文的特质，不是念起来“摇头摆尾”，或“之乎者也”，是桐城派文辞的特有审美结构。它一定与现实语言有距离，是文辞特质的运动方式，其文辞的形式本身就是规律，即桐城派的语言规律，写文章，说话，做人，要有“义法”，要有序，有内容，有表达结构，不要乱说乱写。既下笔，就笔接千载，接中国文脉。

“生腐突炉子锅”是生活，是枞阳方言，生活的东西可以叫小说，但文字审美的层面一定是雅洁的层面。审美和生活是有距离的，小说可以产生，但不要认为，桐城派就消失了。桐城派对中国文字传承的本身规律就千古不朽。

打个比方，“生腐突炉子锅”是下雪天枞阳人的生活，而桐城派文化就是炉子锅边的“雪花”。这雪花不能叫“枞阳人的雪花”，它是人类共同仰望的雪花。

“方园”在今年开园后，我一直渴望下雪天去方园拍点镜头，拍完后，去义津老街找家“生腐突炉子锅”的小饭店，想想都很幸福。

说起摄影，想起引我入门的汪华君先生。当年，我在文联工作，我第一次留他吃饭，湖滨广场未建前有一家土菜馆，大嫂烧菜，就有“生腐突炉子锅”，还有土灶烧的锅巴，六个人用餐，我一招呼，开门见“饭”，每人一大蓝边碗，淘生腐汤吃，至今唇齿留香。

华君先生的摄影作品获了许多国际大奖，证书上英文看不懂，但照片的本身语言看得懂。这些年他潜心拍陆家湾龙灯，拍浮山摩崖石刻，拍青铜器，拍他老家的项镇铺生腐。有一次杂志上编枞阳美食，他的一组项铺镇生腐图，需要一点文字注解图片，第一次接触到他写的“生腐突炉子锅”，特别是这个“突”字，给了我强烈印象。

是这个“突”字吗？但除了这个“突”，换任何一个字都没有这种方言的生活化和形象化。我当时就认定，枞阳搞全域旅游，生腐突炉子锅一定能成为一道枞阳品牌菜，并且走向世界。

桐城派的胸怀多么广大，自吴汝纶后，连钱穆，严复，朱光潜，方东美，枞阳后来的许多院士、学者、教授和诸多大企业家以及遍布海内外的枞阳人，都受到过桐城派的润泽。可见，好东西要让人分享，人类命运共同体，桐城派里有这种大同精神。

华君先生的一幅照片里，枞阳老油坊里榨工的汗珠子走向了世界，我认为是华君镜头的一种理想。

瓠子下面汤

钱叶全

叔：

几十年没给您写信了，2019年5月的这一天，我给您写这封信。

这种古老的说话方式很奇特。心里的话，非要通过心脏动脉血管的输送，到达臂大肌，到达腕头肌，再传送至右手五个手指头运动的铅笔，直至铅笔头在一张白纸上按照中国汉字书写的脉搏节奏跳动，心里想说的话方才变成语言。在人工智能的今天，这种说话方式仿佛千山万水，太慢了。但是，我一见到您，却一句话也说不出来。五月的这一天，我来到小河养殖场，只想对您说一句话，我想吃“瓠子下面汤”。

这是钱家祖的一道美食。只有在钱家祖的语言环境里，“瓠子下面汤”才能复活。

钱家祖的“瓠子下面汤”，在现代的饮食理论体系中难以描述出来，因为这道饮食既不是菜，也不是主食，而是菜中的主食或主食中的菜。

食材很简单，小麦粉，瓠子，一点香油，几瓣蒜子。加工过程也不复杂，先揉粉，做成CD光盘大的麦粑实坯，在脸盆里置放一会，让小麦粉自醒一下。这个“醒”字很关键，小麦粉是初恋，水是初恋，你突然把她们揉到了一起，无论如何是羞涩的。置放“醒”粉，小麦粉和水的生命在自由恋爱中苏醒。醒粉的工夫，你得等会，但也不要闲着，你可以去菜地摘条最新鲜的瓠子。

五月，正是瓠子的上市期。瓠子在植物学上属什么科目，我不清楚，我只清楚瓠子面汤特别鲜，这种鲜味属于什么氨基酸也不清楚，反正这种鲜味必须在面汤里释放，才能保留这种氨基酸的完整性。但如果光用瓠子打汤，没有面汤的参与，这种鲜味还是不能释放。我的初步分析，之所以瓠子必须配面汤，还是因为小麦粉里有另一种氨基酸的释放，这两种食材相得益彰，“瓠子下面汤”的鲜味才会真正在舌尖诞生。但“瓠子下面汤”这种方言也误事。乡村上小学的孩子，自己烧饭的特别多，有一小孩放学回来，没有饭吃，跑到田里问妈妈中午吃什么，他妈妈说：“橱柜里还有点面汤，你瓠子下面汤吧。”小孩回家把整条瓠子放到锅里，中午光吃了面汤，妈妈傍晚回来一看，整条瓠子还在锅里，差点笑掉大牙。

乡村的孩子就是小麦的命运。头年山芋一收成，畦地整好，打个宕，浇上粪，几粒麦子一撒，盖上土，小麦的命运就交给大地了。从小麦播种到来年的午季收成，小麦生长的过程中，最精彩的片段是白雪覆盖的大地，那个片段是小麦的《红楼梦》，白茫茫一片真干净。这干净是经冬小麦独有的风景，在一片白茫茫田野之上，只有小麦葱绿的叶片在风雪之下掩映着生机。这生机不是“韭菜”，“韭菜”需要草木灰，而小麦需要的恰恰是大雪和严寒。待到春上，小麦的蓬勃就是拔节了。

叔，我记得我上学的第一个书包、第一支铅笔、第一本作业簿，都是你给我的。你让我在一张白纸上写下“善良”二字。我不明白钱家祖是个村庄，不明白钱氏信仰中的文化基因，当时你在谋道大队当会计，还兼办一个全大队唯一的碾米加工厂。童年的印象里，你整天为全大队村民磨米磨面，那匹二十马力的柴油机被你每天擦得锃亮，自从谋道有了第一台磨粉机，谋道大队村民才真正拥有了小麦粉。那时，村头的石碾子还在，用一头牛拉着碾米碾麦。从石碾加工小麦到磨粉机加工，谋道村民第一次在您手下看到像雪花一样的麦面粉，老百姓对您感激的心情可想而知。我当时在您膝下，一放学就到您的磨粉厂，村民对您的感恩投射到我身上，大队里一唱戏，我就能得到一把新四军木壳枪，枪的尾部系着一把红绸，我往腰里一别在村里一晃，我就成了拔节的“小麦”。尽管这小麦已雪花白发，但木壳枪上的红绸缎依然那么鲜亮。

那麦粑的实坯差不多苏醒了，现在可以开始擀面汤。钱家祖的擀面杖有尺余长，擀面的过程需在麦粑上四周用力，均匀擀开，越擀越薄，最终擀成以擀面杖长度为直径的薄面饼，然后卷饼切条，撒干粉防黏。

那边，大铁锅开水已沸腾，面汤正式下锅，沸两至三滚，瓠子切条下锅，再沸，让面汤和瓠子的氨基酸完整释放，加蒜加油加盐试味，“瓠子下面汤”即成。那时人口多，“瓠子下面汤”再好吃，到我们孩子头上，最多也只能吃两碗。再不够，母亲只好说，锅里还有点面汤水。“面汤水”的舌尖记忆，对于钱家祖，对于我，就是小麦对于大地的缅怀。

叔，今天到小河养殖场，我说想吃一顿“瓠子下面汤”，您笑笑。食堂里的陶师傅一再说地里瓠子还不大，不能吃，你偏不信，自己非到菜地去寻，不一会，您硬是找到一条尺把长的新鲜瓠子，按照钱家祖的做法，晚餐终于让我们吃上一顿“瓠子下面汤”。您拿来小碗让我们盛，而我，在唐老县长手捞面汤惊叹不已之余，我拿手机拍下这五月的一张乡村画面。这画面里有唐老县长、您、图书馆马馆长、汪书记、卢瑶几个人。在乡村，在一顿乡愁美食的《拾穗者》油画里。

我这一碗面汤是马馆长盛的。我放下手机，低下头尝了一口。

这口汤，叫“千山万水”，也叫“山重水复”。

我知道，您下决心往菜地寻一条瓠子，其实，是寻找我的童年。在您眼里，我一直是个孩子。今天在您的农家书屋，您和唐老县长手拉手，促膝谈心，您说到一个“佛”字。有一刻，您说不出话来。我正在拍摄，又怕您看见，一下把镜头拉到门外柳树上的两只鸟上，两只鸟正在说话，一只对另一只说，啁啾，啁啾。您眼眶红了。

世上所有的热泪不要洞穿。如果有热泪，叔，您就让热泪流下来吧。

临走，您带我们一行参观了一处珍珠养殖场。我第一次来到植蚌车间，看到植蚌的全过程。原来，一粒珍珠的诞生都是因痛苦而新生。植入一粒种子，小麦在大雪里拔节，而珍珠却在尖痛中涅槃。

您晚年研究《易》，好。钱澄之晚年也研究《易》。在中国古老智慧的源头，《易》者，变也。

侄儿　叶　全

2019年6月15日

挂面情怀

叶学挺

近日，陪同县文联去参加美好乡村建设摄影活动，路上谈话让我想到今天适逢市文联组织摄影杨湾挂面，心中顿涌一种情愫，于是稍改原有路线，去释放一下心中已然苏醒的挂面情怀。

小时候，不知何时，父亲学得一身扯挂面的手艺，每逢下半年特别是腊月年关，我家是很热闹的，来换面的总是络绎不绝，因为父亲扯的挂面在老家可是排得上号的。所谓挂面，只是中国数千制作面食的一种手法，杨湾挂面其准确的表述应当是纯手工挂面，所以又称之为扯挂面。其制作过程是相当艰辛，我用一句话形象地总结为，从揉揉捏捏，到拉拉扯扯，最后成就丝丝缕缕。

记得，每每放学回家，父亲总是打开收音机，收听第二天的天气，手工挂面是需要靠天的，若是晴天，则扯上两作。扯面的工具不是很多，只需一个能盛五六十斤的大钵，一个小钵，加上面架、面棍又称面筷、擀面杖等。先是在大钵里倒上水，按比例兑点盐，调和成一定浓度

年关，在杨湾

望得见山
看得见水
记得住乡愁
乡愁是星光的
信仰

的盐水，这一步很是关键，多盐则太咸，少盐则扯面时易断。我想，从乡里乡亲对父亲扯的面赞许可知，父亲兑盐的比例应当是相当科学的。倒上面粉，和着盐水，使劲地绕钵揉、翻，至面粉成大面团为止，这是需要力气的。此时，我就去厨房炒泼粉。泼粉，顾名思义就是把面粉炒熟，用作扯面过程中的防黏剂，炒泼粉也是很讲究的，一定要把握好火候，炒与柴火要和谐共进，炒太熟则有焦味，太生则影响扯面。说到此，父亲的大面团也制作完成，放到面箱上的大木板上，其后就是把一大面团，慢慢地拉扯，加上一个压，成一大满幅木板的面。此时，父亲是需要歇一会，喝上几口茶，欣赏着自己的作品。而我常常也在旁边看着，帮衬着，就等待父亲一声“盘大条啰”。于是，父子俩又在条与条、手与手的传递中完成了一个工序。盘大条的时间较短，但醒大条，也就是使大条变软确需个把小时。这期间，我们吃完晚饭。最使我头疼的是盘小条，通俗点就是把大条揉、摔成细一点的，这一过程也需个把小时。那是，我个头小，站在椅子上盘，过程中伴随着父亲摔条的声音，还有收音机声，间或是父亲盘问我学习的话语，抑或是父亲兴起所哼的黄梅调。父亲最常哼的是《打猪草》和《女驸马》选段，每每此时，我总是忍不住吃吃地笑，笑露馅了，便是父亲的“骂”，“你这唵（谐音，意指孩子），不好好学习就跟我学扯面”。笑骂中，头天的活动结束了。临睡前，父亲还不忘记出门看看天象，把手表劲上足。

第二天的头一道工序，便是上筷子，这需要赶早的。凌晨，第一遍鸡叫，约三四点钟，父亲便起床了。这时，我们偶尔会被父亲的小咳惊醒。上筷子，就是把小条再一次揉、搓成细条，绕放在两根长筷子上，这需要两只手不停地上下翻飞，我曾经试了几次，一下子就支撑不住了。一筷子面上好，放进面箱，整齐排成上下两列，第三次醒条。父亲的筷子上完了，便把我喊醒，我知道天亮了。这么多室内功夫做完了，便是那天我陪客人在杨湾看到的室外扯面，午后晒干收面，最后成香喷喷的面条。

扯面的过程，现在回忆起来，犹在昨天，其间拉扯的是成长的足迹、父亲的力量，仍丝丝缕缕地牵挂着……

白荡湖的毛海子

齐永平

老实说，对白荡湖毛海子（学名大闸蟹），一直有觊觎之心，尤其秋风吹过白荡湖，拂过水草迷离的大涧，带来清凉而又萧索的秋意时。

因为白云岩边没有毛海子，石海子也基本没了。过去有些小石海子，秋天里水浅，涧沟里带点湿意的石头，一扳过来，就有一两匹小黑海子慌乱地爬。女儿五六岁时，常跟大院里小孩一道扳石头，抓石海子。她穿一身红，在涧沟里窜来窜去，大呼小叫。傍晚时，一身污泥的女儿带回一方便袋石海子。这是她在秋天里的收获，有一份大自然恩赐的喜悦。我们用柴火大铁锅油煎，或者用小麦粉滚石海子。麦粉粑和石海子都黄亮亮的，直冒香气，女儿嚼得也香。

后来用电瓶打鱼的多了。电鱼真省事，不用观察鱼情水势，不用前堵后围，一道无形的电流，在水里像幽灵一般猖狂肆虐。涧沟的鱼，越来越小，越来越少，价格越来越高。石海子估摸也电得生育功能紊乱，直接绝迹了。

如有漏网的，几百年后肯定会像电鳗一样乱放电流。电鱼的人大都是些老弱残兵，他们不觉得一条涧沟的生态有平衡的必要，他们要挣钱糊口，电鱼可以立竿见影地挣钱。科技给了人们征服自然的砝码，也放大了人们的贪婪之心，弱者也不甘于后。

没了石海子，就只有毛海子可解馋了。白荡湖的沿路，早秋就有毛海子叫卖了，和湖水一样浩浩荡荡的摊位，据说都是正宗白荡湖的。偶尔买过，不能科学对比，吃得又少，又不精于此道，只会乱咬，从口感上分辨不清是否正宗。但从逻辑上推断，水箱里的水肯定是白荡湖的，海子就难了。白荡湖爬不出许多海子啊！本地的酒席也尝过，说是正宗的白荡湖毛海子，也没法对比，也怀疑。

同桌的资深吃货老周，深得其中三昧，是可以吃完一匹后，原形原状还原一匹空壳海子的高手。那只失去血肉的海子，就像一只保存完好的化石。老周说滋味只可意会，有人鲜海子吃不完，只好把海黄腌制，冬天下酒，这种人搭嘴就识味；至于外形，倒可言传，无非青壳白肚黄金毛。白肚要活水，水流常更新，水速相对快，白肚特征越明显，白荡闸那边的卖相最好。

对老周的说法，我将信将疑。酸醋一蘸，小酒一咪，海子的滋味大差不差；至于海子本身的质量，水质是关键。咱们枞阳生态环境顶呱呱，菜籽湖、白荡湖什么的，纳周边山脉清流，又通江入海，吐故纳新，水质能不好？绝对胜过工业发达地区的阳澄湖。但谁能保证，你吃的海子，不是田养的用白荡湖水洗澡的海子？

但外形似乎可以证而识之，譬如一只耀武扬威的白荡湖公海子，有什么讲究？它染了一团时尚的金毛，表示常在青草丛里厮混，那是水底氧吧，空气清新，环境优美，食物自是丰盈，营养不缺，小日子不赖；肚皮雪白，意味着不在污水里瞎搅，拥有一方澄净的水域，和一片洁净的湖底沙滩，财力雄厚；大脚又粗又长又锋锐，一望就知道体格健壮，能咬善撕，武力值超高，是繁衍下一代的首选。这样的公海子，在母海子天线一样的小突眼里，简直玉树临风，可以倾倒一大片。更倾倒一众吃货，本地商贩，手里货色，一律号称是白荡湖原味毛海。个别儒商，如吾友章宝贵，老实承认，货有几种：白荡湖，菜籽湖，江苏高淳湖，个别还有田养海子。上回见面，章宝贵穿一白色对襟盘扣衬衫，儒雅得很，不过更显瘦，个子要高七八公分，就是竹竿。章宝贵在群里，在朋友圈里，俨然一民俗专家，能考证土话的真正写法，如嚣皮靓壳，可以和孔乙己做个忘年交。偶尔也发小广告，槐花开时卖土蜂蜜，秋风起时贩毛海子。所以群里的宝贵很和善，商家秘诀也肯示人一二。海子上市时，我们也起哄，宝贵挤牙膏似地吐秘诀：壳上有梯形纹形，有对称小圆泡，脐大且白，厚重感强，为正宗白荡湖海子。白荡湖的海子脚，咬起来微甜，田养的海子，有泥巴味，像北方海子脚，味道很“柴”。宝

贵这么说的时候，又成了认真的民俗专家，忘了生意经。

今年九月初采风时，无意遇见白荡湖边的渔民。于是又证之于渔民，渔民说他现在也不是渔民了，白荡湖被承包了，水里装了高清摄像头，想偷偷搞点，人家看得一清二楚，在哪撒网了，从哪块上岸了，都晓得。有的桐城小老板，不晓好歹，跑来钓鱼，抓到就罚千把块。渔民又说，白荡湖水好，周边没工厂，水质有保证，又通长江，一年到头，水是活的。一年只有放海子苗时是人工，平时没见过投食，真正的野生海子。渔民解释说，野海子长得慢，要到十月才有海黄、海膏。这时吃就图个名声，图个面子，搞不好还是外地的田养海子。这么一说，我们从内心到表面，恢复了文雅本色，对白荡湖和它的海子，有了更多的传统美学意义上的欣赏。

求证之后，对于是否吃过白荡湖海子的事情只能说是或有事件了。但持螯剔肉，浮一大白，仍是人生一大快事。而我，已初窥白荡湖的真相，便虔心盼望宝贵所说的金秋十月那壳满膏肥的白荡湖毛海子：青壳白肚黄金毛，此物最相思；持螯对酒可当歌，此物最解忧！

闲说长江三鲜

黄雷生

三月桃花水，两岸柳如眉。

每年的桃花水汛，似吹响了洄游精灵的集结号，育肥于近海的“长江三鲜”陆续从长江口溯流而上，踏上前往千里之外出生地的漫漫生命之旅。

贵气雍容的鲥鱼、灵秀飘逸的鲚刀、靓丽俊朗的河豚，满足了江边人许多极致的口腹之欲，引来了帝王贵胄与文人墨客，留下了许多精彩故事也留下了流传千古的美妙诗章。

溯游千里至皖江，“长江三鲜”把皖江多处回流浅滩作为休憩驿站或交配产卵处。于是，在江岸的朝晖下与和煦的春风里，靠江而活的渔家，用细柳枝条串着或是竹篮拎着刚出水的珍鲜，黑亮的脸上带着明丽的春光，匆匆赶着城镇里的早市。江边城镇殷实的人家，尽管经年尝着各样江鲜，但这时节都会经不起这独特味道的诱惑而倾囊，以享难得的口福。

“扬州鲜笋趁鲥鱼，烂煮春风三月初。”三鲜之首的鲥鱼，端午前，才现于铜陵大通、安庆马窝等长江大回流处。银亮肥硕的鲥鱼，状似鳙鲢，但眼大珠黑，身段银亮，尾部实壮，鳞片约五分硬币大，阳光下闪着珍珠宝光。鲥鱼有“少有大过六斤四两”一说。一般居家人不善高妙厨艺，多是原汁原味的草根烹法，烹制时，二斤大的鲥鱼斫开撒些许姜丝高火清蒸，鲜香弥漫起锅即食；再大些的切成大块红烧，先是菜油煎酱醋烹，大火几滚再小火慢炖，纱布撮起洗净的鳞片放入汤里熬出油脂，间中下姜蒜，起锅时撒上葱花。因鲥鱼刺多叉且有倒钩，尤其是鱼头后肉最厚硕处的刺，形如渔人的“灯笼叉”，若卡在喉咙，再高明的郎中也束手无策，也就有了“鲥鱼年年卡死人”的传言。因此，食时大人总是告诫孩童：不准说话，细抿慢咽。

难得尝一回的鲥鱼，肉质鲜香爽口，味正汤厚，举箸就欲罢不能，食后多时仍唇齿存香。不过，正如张爱玲所说的人生三憾之首的鲥鱼多刺那样，面对大碗盛着散发勾魂摄魄鲜香的美味，憾不能狼餐虎噬，只能勒着食欲，徐徐慢进。

“清明时节江鱼鲜，恣看收网出银刀。

柳絮飞时花满城，鲚刀溯游至皖江。”

称为鲚刀、刀鱼的海鲚，修长晶莹，重约三四两，偶见半斤及以上。较之于时下常见的江鱼中“上品”的体瘦刺硬的江鲚、湖鲚、海鲚大眼黑亮，身柔刺软、脂丰肉满、细鳞银白，在阳光下可见些微宝光。其最突出的特征，两边鱼鳍细若飘带，长过半身；脊上有青色的脂肪带；产卵前眼睛红似樱桃、尾部有寸长的桃红斑。

鲚刀受居家人特别青睐的一个重要原因是省油。将鱼身切成两三寸长的段，几滴菜油润锅，锅铲轻翻，膏油深汪锅底，烹酱醋、佐姜蒜，中火稍煮，起锅时撒上葱花，鲜香远飘。由于肉质太过细嫩，筷箸很难

白荡湖渔歌

拣起整块入碗入口，所以不少人家常清蒸以待客。鲚刀入口即化如泥，舌尖轻动，抿出鱼刺，细软、嫩鲜入喉，彼时真能体味“此味只应天上有，人间哪得几回尝”的境界的。

鲚刀的刺太多太密，难以下箸、入口，因此只能小块“斯文”地细抿刺慢下咽。较之于“三鲜”之首的鲥鱼，尽管鲚刀的鲜香细嫩有过之而无不及，是味中“仙品”，但对于不善食鱼的人来说，细刺过密的鲚刀不若鲥鱼那样能大快朵颐地“煞馋”，声名屈居次席的原因，大概如此吧。

皖江人不仅能享用溯游产卵的鲚刀，还能享用产卵后返回大海继续育肥的鲚刀，尽管味道差了不少，但有着比扬子江人更长时间的口福。

“蒌蒿满地芦芽短，正是河豚欲上时。”

扫净厨上房梁，洗净肚肠、剜去眼睛、沥尽血液，高温烹制豚肝和举箸不劝客等是扬子江人河豚烹制与食用时的手法与规矩。

皖江人食河豚却是少了许多禁制的。千里溯游，经月的江水吐纳，至皖江的河豚尽管味道逊于扬子江水域，但毒素少了许多也食安了许多，放倒食者的事也有，但鲜有殒命的。不过，皖江人也不敢太大意，下锅前也扫净厨上房梁，把“扬尘灰落进河豚汤里生剧毒”一说还是当回事的。

清水下锅，几片老姜，小火轻突，汤汁如奶。河豚无刺，掰一大段入口，脊骨即随舌尖而出，细嫩腻滑入喉，鲜香满口。风卷残云一番，才感觉富油与胶质结合的浓汤，几近黏住唇齿，口舌的享受妙言难述又回味绵长。

皖江铜陵至安庆段的河流湖泊是河豚的繁殖地，此处人还享着独有

枞阳长河一景

的并极安全食用的口福。

季秋后，在河湖长成近一拃长的河豚欲回归东海。东流的河湖里，橹桨稍一扰动，集结而行的河豚便鼓胀着气翻起白肚密密地在水面铺着，于是，街市上河豚堆成了一个个小丘。

一节竹筒，两头蒙上河豚肚皮，街巷里响起顽童的鼓声和欢笑声。

一箱老豆腐，两斤小河豚，炭火泥炉，一家人围坐饔飧，其乐融融。经月的河豚豆腐餐，驱走了初冬的寒湿气，人人身子骨都壮实了许多，连衰草屋下走出的老少脸上都闪着油亮。

低矮屋面的青瓦上，腌制后的河豚肝流着油散发着特有的腥香。在食用油极乏年代，家家户户都趁晴日备着这越冬的价廉富脂佳品。开春后，饭头上放几枚腌豚肝，饭香鱼香交集着，挑逗着食欲，浸透油的焦黄老糙米锅巴的味道让人永生难忘。

“长江三鲜”的称谓起于何时，未见确切记载。

自六朝以来，文化南迁，扬子江流域以金陵、扬州为中心的城市群迅速崛起，并一直占据着政治、文化、商业发展的高地。到明清时，江南文化达到前所未有的高度，其中的饮食文化也快速发展。南北口味的融合，料不厌严、味不厌鲜、烹不厌繁的淮扬菜，完善了独树一帜的谱系，形成了至美、精致、清雅的特色。以水产为主料的淮扬菜中的鲥鱼、鲚刀、河豚以及鮰鱼、大闸蟹等珍鲜，千年来，由于士大夫阶层和文人墨客的极力推崇，撰写大量有关的诗词文章，才逐渐有了“长江三鲜”的说法，形成了扬子江流域品尝江鲜的狂热嗜好。这嗜好也传染了真龙天子皇亲贵胄。“六月鲥鱼带雪寒，三千江路到长安”，于是就有了“鲥鱼进贡”的诗文与故事。明崇祯大学士何如宠“宰相夫人吃鲥鱼”至今还在老枞阳区域传为美谈，并俗成了一句常用的歇后语。

文人中尝江鲜名气最大，该是善诗能吃，称得上千古吃货的东坡夫子了。桃花才绽春江乍暖，就翘首“河豚欲上”了。野说老夫子不仅豪迈地说出“拼命吃河豚”的壮语，还不顾在世人中高大上的形象，聚吃友挪河豚餐桌于厕旁，以便中毒时第一时间用世上最恶心方式呕吐解毒。这些说法大不靠谱，封建士大夫、文人十分注重官威形象与儒雅风度，不会因一回口欲而荒诞不经受到责罚与讥笑的，大概是民间段子手受明嘉靖奸相严嵩河豚家宴“黄汤解毒”故事的点拨来揶揄文豪墨客中吃货的吧，但老夫子说过“值那一死”确是真的，这个“值”字也反映出河豚的味美具有何其大的诱惑力。

从士族文人与现代写手众多有关江鲜的诗文中看，似乎“长江三鲜”是扬子江的专享，撇得盛产“长江三鲜”的皖江远远的，原因不外乎一是八百里皖江无大城市与人口集聚，缺少商业效应；二是无王安石、苏东坡等大牌做广告代言，委屈了皖江却惠实了皖江人。

长在大海的“长江三鲜”，匆匆过客于扬子江时，带着较重的海腥味，经千里江水荡涤后，到达皖江上游时，才真正显出江鲜的本味。一方水土养一方人。对于不善亦不喜好海鲜的皖江人来说，少了海腥味、燃去了过多脂肪的“长江三鲜”，肥而不腴，劲而不柴，鲜而不腥，厚而不腻，正对胃口。比起扬子江人来，皖江的平民百姓尽可时间更长、廉价闷声地享着味纯鲜正的极致珍馐。

近年常见报端或视频现长江口“三鲜”身影，尤其是海鲚屡现，万元以上咋舌天价且有价无市。但从视频或图片来看，与常见的江鲚湖鲚略有差异外，没有了记忆中的那等模样。几十年来，未见洄游产卵的成鱼，哪来的后代子孙？渔家偶尔捕得三两条游弋在长江口的鲚刀，该是东南沿海其他淡水河流里的同种或是近亲，与俊俏飘逸能在长江溯游千里的海鲚等罕物相比，味道应差不止是几条街的。

“荷叶田田”田间艺术雕塑

30多年，多少记忆在时间的帷幕上退行而去，成了生命中不复可见的流水，但对于“长江三鲜”味道的记忆，却成为无法唤回的沧桑感喟。

第六章 农事·器物

水车，石磨，连枷
古老的乡村叙事
是乡村的烈日
是乡村生活的忧伤和苦涩
是乡村甜蜜和温馨的交响

枞阳麒麟集市

枞阳农事记忆

荣光启

稻　床

秋天，连枷的声音将我从睡梦中惊醒，它可能就来自门口，也可能来自远处的稻床，但它隐隐约约的节奏已经使我恐慌。我的睡眠像一只缠绵的苍蝇，最终被来自稻床上的声音拍中，渐渐沉寂。我是个懒惰的家伙，再怎么农忙，我都坚持了午睡的习惯，尽管我出身贫苦，但骨子里仍是纨绔子弟。这个季节空气里流淌着咝咝的声音，村庄惊人的寂静，唯一明显的存在就是蝉的嘶鸣，这些树巅上的小虫仿佛是秋天的喉舌。中午时分，村庄里喋喋不休的女人都去了稻床，蝉成了她们的替代。村庄类似一个人的梦境。我不知所措地坐在门槛上，身后的堂屋空空如也，村庄太寂静了，我只好一边收听自己的耳鸣，一边眺望远处女人们起伏不断的身影，我知道日头再往西偏不久，母亲的尖叫就会适时而来。

稻床也就是打谷场，对打谷场的这种称呼令我十分满意，因为稻床上确实睡满了各色各样的稻谷，它就是一张床，是用来睡稻子睡麦子的，当然，有时也睡人，睡那些夜晚看守稻谷的人。记忆里我曾经和父亲一起在稻床待过一个晚上，白天里民兵打靶的景象似乎还未消失，夜晚的天穹已经出现了明亮的星星，更令人惊颤的是深夜乡村巨大的寂静和偶尔不知从何出来的动物鸣叫。

稻子、麦子在田野里诞生，生长，在稻床上睡觉，睡醒再由父母亲抱回谷仓。稻床和田野一样，是村庄的核心，是父母亲基本的活动舞台，是生存与劳作的栖居之地。稻床总在田野的中心，因为为了方便人们在收割后就近将稻谷弄到什么地方去晒去打。一望无际的田野之中，稻床就像一颗繁忙跳动的心脏。

每一个秋天的午后，我来到这张床上，面对早已汗流浃背进入劳作境界的人们，总是羞愧万分。我总是像一个上课迟到的小学生偷偷从后门钻进教室一样，从一处人们常会忽略的角落溜到这里。来到稻床上你必须赤脚，因为当一粒稻谷钻进鞋里，那种感受会令你左右不适。应当说，一稻床的人，大约只有我的脚最嫩，我是个小知识分子嘛，于是，秋天，小知识分子总是弓着脚背，在村庄凸凹不平的道路上，在铺遍稻床的稻谷上，上下乱蹦，像一只误入歧途的蚱蜢。

连　枷

对稻床的描述总是令我力不从心，令我着迷的是其间一种弥漫天地的气息。稻床上睡满稻谷，那些湿漉漉的稻谷是刚从田里挑来的，正在虚心接受严厉的秋阳。那些已经被晒干的，正在或即将接受父亲母亲们甜蜜地拍打。这时，我抬头看见连枷。

在我们急促细亮的方言里，连枷念着“连该”。众多的同志们技法

极为熟练地将连枷高高甩起，连枷在空中画了一个骄傲的圆圈，然后用力地拍打在大地上，溅起稻星一片。整齐的连枷阵势经过空中，将炎炎的烈日一下子分割成大小数片，这种光芒四射的情景叫人感觉非常好。

无论怎样，我对连枷都是陌生的，我感到这个东西一直不接纳我。当我拿起它的长柄，身体的重心就失衡了，它的主体部分——一组平排的竹条或木条构成的矩形块（我们村庄的女人们尤为心细，她们怕稻床受伤害，就用自己平时做衣服纳鞋底所剩的布料将竹条或木条一圈圈缠起，这样，我们的连枷拍打在稻床上的声音比别的地方的连枷声音要温柔得多，就像我们南方的女人），高高在上，一被我晃到空中，我的身体重心就随它而去。大人们所画的那个圆圈显得悠闲自如，他们和连枷一起形成一个优美的舞姿，整个动作浑然一体，仿佛连枷都是身体的一部分，而这一切对我来说就是艰难万分了，连枷的柄与拍之间的自如转动，一到我手上，就连连拗住。

那时母亲尚年轻，脾气还没有现在这样好，经常是这样：我自告奋勇地拿起连枷，但半天也没拍上稻床一巴掌，还被连枷弄得四肢摇晃，母亲忍无可忍，她最终毫不犹豫地在我的脊梁上拍上一巴掌，一声大骂，一把将连枷从我手上夺过，自己挥舞去了，对我再也不加理会，于是，我又重新陷入令人羞愧的无所事事之中。

打稻机

和连枷一起合唱的是打稻机。在秋天的农具中，连枷是属于女人的。一个女人将连枷甩得很流畅，那是本分，是一种美丽；而一个男人也这样，那顶多也就是手巧，甚至让人想起他也许是个鳏夫，是个裁缝，是个娘们类的人。在秋天热火朝天的稻床上，只有打稻机才能真正显示出男人的本质与力量。

打稻机和连枷一样，都是脱粒的工具，它也是时代的产物。如果说连枷是农业社会的遗留，那么打稻机则是工业文明的小小发现。最初，父亲们将面坊里做面的大机器弄来，改装，一个庞大的铁家伙就雄踞在稻床上。这个过程绝非轻而易举的事情，面坊和稻床之间是田野，田野上的小路如果两头牛不期而遇，它们也决不会意气用事相持不下，它们其中一位肯定会很有礼节地倒车，因为大家都不想双双落水。经过这样的路途，父亲们将面坊里做面的大机器弄到了两里以外的稻床上，这其间的历史谜团，无异于几千年前金字塔的形成，他们有理由在我面前骄傲。

大机器很威武，它外面是铁壳，里面是巨大的铁轮子，上面有许多错落有致的齿，发动机带动轮子，成捆成束的稻谷一塞进去，大机器嗖嗖几声怪叫，前方就飞出一大片直指云天的稻梗，同时也飞出一大批随稻谷一起被捆来的可怜的青蛙与蝗虫，下面就哗哗地流出稻粒，真是气势不凡，效率极高，形势喜人，令手持连枷的人们纷纷注目，羡慕不已。父亲们的聪明才智弄出的打稻机征服了无数的连枷和女人，脱粒的时候，男人站在机器面前，女人只能在一旁不断地给他递稻束。我们把这个动作叫作喂，意思是喂机器吃进稻束，吐出稻粒。男人不管女人喂来多少，也不管有几个女人同时喂，他都必须能从容地接受，将稻束弄整齐，有效地塞上飞转的铁轮。他神情严肃，由于忙碌及机器具有一定的危险性，他只好不苟言笑。

由于大机器只有一台，且它是由铁制成的，又很大，无法来回搬运，它只好终年守在稻床上，接受岁月的无情洗礼，风雨的长期侵蚀，等待年老时光的来临。几年以后，大机器就像一个苍老的父亲，坐在稻床的一隅，冷眼旁观我年少时期的繁盛农事，风吹过它锈迹斑斑的胸膛，似乎是它在叹息。它的头顶，鸟粪点点；它的脚下，杂草丛生，晚景凄凉。好在村民们早已急中生智，让大机器后继有种，他们从大机器身上分离出轮子，用木头做出简易的一个，上面钉上倒V字的铁钉，以齿轮传动的原理，双脚一踩脚踏板，那个轮子就呜呜直转，饱满的稻穗一放上，下面就哗哗地流出稻粒，虽没有大机器方便，但对于一个小家庭而言，同样是效率极高，形势喜人。

打稻机来到我们家里的前夕，父亲和他的弟弟度过了好几个窃窃私语的夜晚，因为这台半自动的小机器要花去他们80元钱，也就是一头肥猪的一半身价。而每一年的年底，也只有一头肥猪才能确保我们可以快乐无忧地度过春节。

不过，又过几年，小机器也苍老了。它被丢弃在杂物房的一隅，它的脚下，它的头顶，杂物丛生，当年的风光不再，面对时光的永恒流逝，它默然无声。

篾匠李

钱 新

在众多的生意人中，令庄上人最难忘的是一位姓李的篾匠。话说那篾匠李，一副魔鬼身材，但面相实在不敢恭维；长长的马脸倒还其次，特别是那嘴形与牙齿，简直和芙蓉姐姐一个模子刻出来的。可是，人不可貌相，海水不可斗量，篾匠李不仅手艺了得，那张“芙蓉嘴”更是“奇葩”一朵。村上老人形容篾匠李：“半斤鸭子八两嘴。”那张嘴，常常把村子里的小孩子们和那些小媳妇、小姑娘逗得神魂颠倒，很有孩子缘和女人缘。

篾匠李的手艺，那绝对是一流的。在我的印象中，他似乎什么都会做，大到竹屋、竹床、竹桌、躺椅、长凳、竹席，小到箩筐、淘箩、稻箩、筛子、水瓶壳、笊篱、竹刷……看他手上的活，是一种地道的享受。一根碗口大的竹子，一瞬间就变成粗细均匀篾片，进而又“瘦身”为光滑柔顺的篾条或篾丝，砍、锯、切、劈、剖、撕、拉、刮、削、磨、编、织等，动作娴熟，得心应手；破竹、劈片、剖篾、撕篾、拉篾、磨篾、编篾，环环相扣，一气呵成。其中，最好看的，便是编篾，一根根粗细宽窄厚薄不一的篾丝，仿佛被篾匠李施了魔法，温顺乖巧而又风情万种。只见它们时而矜持文静、低首含羞，时而腾挪翻转、恣意张扬，演绎出一曲张弛有度、富有节律的空中芭蕾，还没等你回过神来，一件细密均匀、纹脉清晰、精巧牢固的竹器便大功告成了。

篾匠李每每进村，总是斜着肩，一头挑着竹制的材料架子，上面挂满了一圈圈粗细不一的篾丝，一根根上好的竹料，以及竹篮、筛子、竹席等成品，琳琅满目。另一头挑着工具箱，里面有篾刀、小锯子、小凿子、钻子，还有一样工具，样子十分奇特。外观像一把铁打的小刀，一端装有木柄，刀上面有道深深的凹槽。这刀俗称刮篾刀，形象一点的说法，称之为度篾齿。篾匠李，常常把这刀一头固定在墙上，把刚剖好的“篾坯子”穿进去，反反复复拉三次，篾条便变得光滑柔顺而不扎手了。据说，新手要来回拉上五六次；篾匠李，手法已是炉火纯青了，力道把握得恰到好处，次数少且质量高。

和其他篾匠不一样，篾匠李还有一件十分钟爱的东西，那便是一支制作精致的竹笛，上面刻着一条腾飞的龙，活灵活现的。后来，听村上的王寡妇说，那竹笛是篾匠李用优质的竹子做的。难怪吹出的声音是那样的婉转动人了。篾匠李一到夜里，就在广阔的稻场上吹奏，笛声在寂静的夜里，传得很远，不仅王寡妇喜欢听，我们这群屁孩子，也十分喜欢。只是听后，有一种要哭的感觉。

白荡湖叉鳖

唐爱民

白荡湖，又名竹丈湖，是我的家乡枞阳县境内四大湖泊中最大的淡水湖，水域面积75平方千米。这里盛产各种水产品，因山清水秀、空气清新，无任何环境污染，因而所有鱼鳖蟹虾之类的水产品都是自然生长、膘肥体壮、肉质鲜嫩、口感绝佳，尤以白荡湖大闸蟹闻名于世。

在我的印象中，白荡湖是上苍赐给沿湖一带老百姓的聚宝盆。尤其是20世纪60年代以前，在那种饥不果腹的岁月，沿湖一带的人民依赖它得以生存。我小时候经常到白荡湖边的岔垴里去捅藕心菜、打莲蓬、摘菱角、拉菱角菜、割鸡头果（芡实）和鸡头菜、拉鲜艳禾子等水生植物回来吃。

这里说的这些水生植物多数大家都知道，唯独鲜艳禾子可能现在的年轻人不知道是什么东西。这种水生植物，逢节生根，节上长出细细的茎和圆圆的叶子，底下的粗茎被称为麻纲，掐下来当菜吃，细茎和叶子喂猪。那些年，母亲炒菜只倒几滴香油，所以，这种菜吃起来有些苦

涩，我们小时候都不喜欢吃。但也没有办法，用它填饱肚子还行。

少年时在白荡湖里擒鳖的经历至今记忆犹新。擒鳖一般都在冬春两季。因为，白荡湖周边都是圩田，每年一到入冬，县委就发出指令，放空白荡湖底水。既是为了减轻来年的防汛压力，更重要的是便于老百姓挑土兴修，加固圩堤。因此，每年冬春两季白荡湖都是干湖，直到来年春季汛期到来时才蓄水。

而干涸的白荡湖，正是湖边老百姓绝好的生财之地。许多人都到湖里去捉鱼、擒鳖、抄（读第四声）毛林（即白鳝）、捡河蚌等。要说擒鳖，这里可大有学问。偌大的白荡湖，擒鳖的人那么多，不是每个人下去都能擒到鳖，这里有许多技巧，而且，冬天擒鳖与春天擒鳖的方法不一样。

冬天的鳖因天气寒冷，全是偎在靠近水宕一侧的坎子边的泥里。背部稍稍有一个隆起的土包。包的边缘有一个不太显眼的小孔，是它的鼻子用来出气的。尾部稍有凹陷。而春天因天气转暖，偎在泥里的老鳖就开始起身了。因此，它背部上的土包就会松动，因而出现裂纹，同时冒着洪水。

我第一次下湖擒鳖是冬天，记得是在刚进初中的时候。我向父亲提出下湖擒鳖，自己挣钱交学费，父亲高兴地答应了。一天，吃过早饭，父亲叫我和他一道，每人腰里系上一个鳖篓（就是网兜），拿着一根中间齿长、两边齿短的鳖叉，用布袋装些炒米粉子放在鳖篓里，就出发了。

一到湖里，我就用鳖叉捣。每每捣在河蚌上，发出嘭嘭的响声。用鳖又撬起来一看，是河蚌。那时，河蚌满湖都是。父亲说，你不要瞎捣，要找水宕，在水宕的坎子边找小窟窿。我按父亲的说法找，可满湖都是沟沟宕宕。我一天跑到晚，累得筋疲力尽，也没有擒到一个鳖，腿上却被蚌壳划得到处都是血痕，尤其是到傍晚，脚陷在泥里，每走一步，都要费好大的劲。最后，连坐在沟宕的坎子上都不想爬起来。怪不得住在我家对门的江四华的父亲就是因为在1959年冬天下湖捉鱼，一天搞到晚，最后因没有力气，加之又冻又饿，被活活地累死在湖里！傍晚回家，父亲擒了三个鳖，我是两手空空，感觉有些羞愧。父亲说，头一次下湖，擒不到鳖是正常的，不要灰心，下次再来。我也暗下决心，准备再战！

本队有一个单身汉，名叫唐大文，一只眼睛有白内障，人们都称呼他“大老爷”。别看他只有一只眼睛，他可是擒鳖的行家里手。每次下湖，回来都是满满的一鳖篓。大鳖卖钱，小鳖自己吃。我们小时候经常趴在他家的锅台边，看他煮鳖，一煮就是半小锅。他家的草屋头上到处都是鳖壳。

有一天，他先答应带我一道。可到了湖里，他就撒开腿朝湖中心跑。开始，我还坚持跟在他后面，不一会就跑不动了。只好自己一个人擒。一直擒到下午两三点钟，还是一无所获，只得空手而归。当时，我在心里发誓，以后再也不来了。

可过了一段时间，看见别人擒到鳖，心里又痒痒了，还是下定决心，我就不信一个都擒不到。这一次，我按照父亲指点的方向，先一口气跑到湖中心，沿万亩圩中心沟埂，仔细寻找。累了就在稍高一点的水宕埂上坐着歇一会，吃点粉子充饥，然后继续。又擒了一会，看看太阳已经偏西，还是两手空空，我开始灰心了。

内心深深自责，自己太无用，干脆回家算了。正准备往回走，但又心有不甘，三次下湖，都一无所获，岂不让人笑话。我告诫自己，不能就这样回去，还要再继续努力。尽管又累又饿，我还是咬牙坚持着，功夫不负有心人，我终于在一个水宕的旁边看到一个小圆孔，孔边还有一点新鲜的融泥，再看看朝北的方向是一个小小的土包。

我用鳖叉插到包的后面朝上一翻，果然是一个大鳖！心里那个乐啊，比吃了蜜还要甜！擒到了鳖，干劲又上来了。我又坚持擒了一会，渴望奇迹再次出现！可最终没能再擒到，因为实在太累了，只好回家。

回到家，父母亲见我擒到了鳖，也非常高兴。我顾不上洗脚，找出秤来称了一下，记得是一斤六两重。父亲说，这个鳖就不卖了，晚上把它烧吃了吧。我们都赞成，当晚，全家人美美地吃上一顿老鳖肉！

晚上，我躺在床上想，如果当时心灰意懒，选择放弃，就会再次一无所获，幸亏坚持下来，才有了收获。这也说明，成功往往就在再坚持一会的努力之中！

春季擒鳖，方法就不一样了。一个星期天的早晨，父亲说，今天起南风，又是晴天，是擒鳖的好天气。因为此时白荡湖里有几寸深的水，南风一吹，湖中的水被吹到北岸，南边的水就稍浅一些。我早早地吃了饭就出发了。

临行前，父亲告诉我，你眼睛不要看近处，要看远。要找冒洪水的地方，泥巴上面有裂纹，那一定是鳖！按照父亲传授的方法，我眼睛不停地朝前方和左右方向远远地瞭望，并大步往前赶。宽阔的湖面，浅浅的湖水，微风习习，荡起道道涟漪。太阳光照射在水面上，波光粼粼，分外刺眼！

我专门看湖面有没有冒洪水的地方，一旦发现有洪水，就快步跑过去，等赶到近前一看，却是别人刚踩过的洪水脚印。就这样满湖地跑，看得人眼花缭乱，累得人脚酸手软。不像冬天，累了还能找个稍高一点的地方坐一下。春天，满湖都是水，连坐的地方都没有。直到傍晚，还是两手空空的回家。一到家，我就一屁股坐在椅子上，好一会都不想动。

又是一个星期天，我又下湖了。这一次，我远远地跟在大老爷的后面。我想看他到哪个方向，因为他会擒鳖，这叫捅乌龟，识鳖路。我跟着他一直来到巢山头方向的湖中，他也没有发现我。到了湖里，我就单独行动了。我的眼睛在湖面不停地搜索着。远处星星点点，到处都是擒鳖的人。

我擒了大半天，感觉又累又饿，见不远处有一堆乱石头，就走过去，坐在石头上，边吃粉子边朝四周看着。这时，我发现不远处有鳖脚印，就顺着脚印爬行的方向找。可瞄着脚印转了一圈，脚印消失了。我曾听父亲说过，老鳖狡猾得很。

它在爬行时，看准要偎下去的地方，它会朝侧向或相反的方向跳出一段距离，再偎进泥里。这样，在它藏身的四周，你就看不到它的脚印。想不到爬行动物也有如此狡猾的本领！今天我就要看看是不是这样。我以鳖脚印消失的地方为中心，前后左右几米范围内找了个遍，还是没有找到。

难道它又爬走了，或是已被别人擒走了？没有办法，我只好又到石头上坐下来，边吃粉子边四处张望。我坐的石头距鳖脚印消失的地方约有一丈多远，我想，它该不会跳到这里来吧。抱着试试看的态度，我顺着石头转了一圈，当我转到石头的背面时，奇迹发生了！

在两块石头的缝隙处，有一处松动的泥巴，上面有许多细细的裂缝，裂缝中冒出丝丝洪水。我用脚朝裂缝的泥巴踩下去，果然正好踩到鳖背上。我高兴极了！伸手在泥里将它翻过来，捉住装进鳖篓里。

这一次，是父亲的经验启发了我。这也说明了在人生的道路上，必须努力学习和借鉴别人成功的经验，从而使自己少走弯路！

扳罾 | 周宗雄

我的童年和少年时代是在古城枞阳度过的。

何谓枞阳？即枞水朝阳之意也。枞水又叫长河，源头在菜子湖，经过几十公里的流淌，最终流经枞阳县城，在北鹤峰的脚下注入长江。新中国成立前，枞水经常泛滥成灾，县城十年九淹。新中国成立后，在入江处修了枞阳闸，才锁住了水患。

枞水是富有的。“箩拦虾蟹瓢舀鱼”是它真实的写照。正因为有丰富的鱼虾，在枞水边生活的人们没有不会扳罾的。

所谓罾，就是选用一根毛竹做罾竿，罾竿的顶端用数股麻绳做一个凹形的叫作“鸦雀窝”的着力点，着力点上翘着四根用桂竹做的“罾角”，四根罾角撑着一块正方形的渔网（渔网尺寸在一丈至一丈二尺之间）。渔网撑好后，再在罾竿的顶端系上一根长麻绳（长麻绳是用来扳罾用的），在罾竿的底部做一尺余的横挑（横挑是整个罾的着力点，是用来防止罾竿陷入泥坑的）。这样，一把罾就做好了。

罾的种类繁多，有铲罾、拦河罾、豆腐块罾等。所谓铲罾，就是用两根长毛竹架在船的前头，扳罾时，一个人在船头用肩头抵着罾把，一个人在船尾划船，船缓缓地向前推进，此刻，罾就像一个铲车，故名铲罾。铲罾一年四季浮在水面上，什么季节扳什么鱼。最令人称奇的当属扳毛花鱼了，七八月份，是扳小毛花鱼的季节，每把罾收获都在几千斤以上，最多的可达万斤。有一年夏天，我和几个小伙伴在河边洗冷水澡，就看见一把铲罾起鱼时不能起罾，原来是一罾的毛花鱼，渔民只得用大捞兜在罾里拼命地挖，挖了半个多时辰，才将鱼捞光。事后一称，有七百多斤！真是不可思议。拦河罾可以说是罾里的巨无霸，长河有多宽，罾就有多大。这种罾起水的工具是用绞车，两个人不停地推动绞把，利用绞车上的绳索提起罾纲，可谓纲举目张，而此时，罾里有一人划着小船，手持捞兜，捞撞进罾里的大鱼，看着在罾里瞎蹦乱跳的大鱼，好不快哉！最小的罾就是豆腐块罾了，它是用白纱布做的，尺把二尺见方，别看豆腐块罾小，可是捉虾的功臣。夏日黄昏时分，往往一个人提上十来把这样的小罾，放上饵料，沿着湖边摆放，搁上十来分钟后，再一把一把地往上提，嘴馋的虾米们直到起水时才如梦初醒，无奈个个成了俘虏。一个晚上下来，三五斤虾米没有问题。

做罾很简单，扳罾却有很深的奥秘。

扳罾有扳死水罾和活水罾的，扳浑水罾和清水罾的，扳春水罾和秋水罾的，不同的水头，扳不同的罾，不同的鱼种，扳不同的罾，都很有讲究。扳死水罾，要求将罾撑得离岸远些，而扳活水罾，则恰恰与此相反，须将罾靠岸近些，有时扳急水鱼，需将罾一半放在水里，一半放在岸上。在罾片选择上，扳毛花鱼（小刀鱼），则需密网罾，而扳鲤鱼、鳊鱼、螃蟹则是大口径的稀网罾。扳罾时，起罾时要慢些，悠着点儿，以免惊动水中的鱼儿，而收罾时要快，防止鱼儿跳水逃逸。春夏秋水扳罾要快，一气呵成，而冬水，则缓慢地起罾便可。

在枞水里扳罾取鱼，是一年四季的事。而最蔚为壮观，最扣人心弦的莫过于扳秋水鱼了。

仲秋时间，江水渐渐地沉落下去。十月份左右，是枞阳闸开启的季节，也是扳罾的最好时机。憋了一个夏季的鱼儿，急不可耐地要顺着下泄的江水去长江里过冬。此时，但见枞水两岸，密密麻麻地布满了罾，可谓罾连罾，罾对罾，绵延十数里。而长河中央，渔船上下穿梭，取鱼的欢笑声、惊叹声、喊叫声连成一片，取罾落罾，井然有序。夜幕降临，渔火点点，人声鼎沸，通宵达旦，彻夜不眠，成了古城一道人鱼大战的风景线。

20世纪60年代中期，无奈之中我每天扛着一把罾，奔波在枞水两岸，一来打发时间，二来取点鱼到市场上卖点钱接济并不富裕的家庭。

那年秋天，枞阳闸起闸泄水第一天，一日一夜，我扳了一百来斤鱼、十来斤螃蟹，可以说罾罾不空。一夜到天亮，未歇一下，虽然人很累，双手上都被麻绳磨得起了血泡，疼痛难忍，但“鱼头上三把火”，看着那起上来的活蹦乱跳的鱼儿心里有着说不出的高兴，疲累和劳顿被驱赶得尽光。那时鱼蟹贱，二三斤重的鱼，只卖二三角钱一斤，半斤一只的螃蟹，只卖七角钱一斤，但是，一天能挣三四十元钱，在当时也是一笔不小的收入了。

有年冬天，远在乡下的外婆八十大寿。拿什么为外婆祝寿？由于家中经济拮据，母亲急得两手直搓。黄昏时分，我一声不吭地拎起罾朝河边走去，母亲忙问：“天这么冷，滴水成冰，你去哪扳罾？”我说去河边遛遛。那天天气特别寒冷，北风吹在人脸上，刀子般割着痛。扳到扳不到鱼，心里哪有底，只不过是想碰碰运气罢了。第一罾拉上来，一点动静也没有。第二罾拉上来，有了一条半斤左右的小鲤鱼。第三罾拉上来，竟捡上了一条二斤左右的鲤鱼，我心里乐了，仿佛看到了希望。第四罾，取罾时不知被什么东西坠着，取不动，一使劲，好家伙！原来是一条大鲤鱼，尾巴在水中一摆一摆地。这样的大鱼在其他季节是很难对付的，可在冬天，它一点脾气也没有。心想，这回给外婆的寿礼有了，心里甭提多高兴。随后几罾，只扳了几条小鱼。人们闻讯我扳了大鱼，忙撑罾下水，结果都空手而归。只有我在还没到一个时辰里，就扳了十来斤鱼，那条大鲤鱼，足足有八斤重。妈妈下乡给外婆祝寿时，带上那条大鲤鱼，外婆见了笑得合不拢嘴，说她一生也没见过这么大的鲤鱼。

枞水是富足的，有的人扳罾扳了一生。

家门口就有个何老头子，六十来岁，中等的身材，白发白胡须，慈眉善目，新中国成立前，他靠扳罾养活了一家人。新中国成立后，他没有正式的工作，还是靠扳罾卖鱼度日。闲暇时，我们常常坐在他的身边，一边观看他扳罾，一边听他讲扳罾的诀窍。一罾、二罾、三罾，一个上午，不见一条鱼上网，我们这些孩子看了很着急。心想，今天肯定没戏。可他一点也不着急，扳一会罾，慢腾腾地吸几口黄烟。眼看到了中午时分，我们准备回家午饭时，鱼上网了。他总是笑眯眯地对我们说，扳罾这玩意，急不得，哪有罾罾都有鱼的，一天扳不到一条鱼也是正常的，关键要有耐性，没有耐性，就错过了取鱼的机会。

近些年，由于环境的变化，靠扳罾养家糊口的人已经没有了，扳罾成了人们节假日一种消闲娱乐的方式，那种蔚为壮观的百罾千罾连成一片的景象再也见不着了，成了枞水永远的记忆。

开秧门 | 张振中

开秧门是指生产队一年当中首次插秧，随之拉开早稻栽插的序幕，俗称“开秧门”。早稻栽插时间一般在春夏之交的“五一国际劳动节”前后。

刚进入初夏，温度飙升回暖，明媚的阳光在明净的水田中闪闪跳跃。田野里，草木旺盛，泥土馨香，燕子成双结对地低翔、捕捉虫吃，青蛙掩避在田后埂水草中，瞪着眼睛在呱呱呱……棋盘似的农田里人山人海，穿梭阡陌的身影熙熙攘攘，到处人欢马叫，劳动号声此起彼伏，生产队在紧锣密鼓地筹备开秧门。

在那物资匮乏的贫穷岁月，一个生产队的大小人口能不能填饱肚皮，春耕大生产至关重要，是生产队不可忽视的季节。庄稼一枝花，全靠肥当家。开春，生产队调整种植计划，对土地进行翻耕，施足农家肥，确保农业大丰收。在开秧门的前几天，选择大面积的田块，老农驾驭老牛犁、耖、耙精耕细作做好水田，一切准备就绪。

清晨，在布谷鸟“发禾、发禾、割麦插禾……”叫声中迎来了黎明的曙光。布谷鸟亦称杜鹃，俗称“发禾鸟”。老队长也似乎在布谷鸟有节奏的叫声中睁开惺忪的睡眼，一骨碌地爬起来，“社员们，今天生产队开秧门，起床拔秧去呀……”社员听到生产队今天开秧门的消息，各家各户早早开门，人人迅速起床。于是，家家户户炊烟袅袅烧早饭，煮几个咸鸭蛋，熬一锅糯米粥。经济条件好的农户，上街称半斤猪肉，几块豆干，打斤把八角二的山芋干酒准备中午加餐呢！生产队买几条“玉猫牌”香烟（一条一块九毛钱），几斤糖果，有的生产队中午“打平伙”，全体社员大聚餐，开怀畅饮，庆祝生产队开秧门。

吃过早餐，在队长的哨声中，全体社员不约而同集结在生产队的稻场上。呵，今天，社员们似乎个个精神抖擞，人人的脸上露出灿烂的笑容。年轻的小伙子头发梳得光溜溜的，苍蝇飞上去都要滑断腿，穿着白的确良长袖衬衫，蓝色制服短裤子，衣冠楚楚。那些大姑娘小媳妇把压箱底的好衣裳拿出来穿，头戴一顶印着鲜红的“农业学大寨”字样的新

草帽，脖子上围着一条花毛巾，青春靓丽，特别扎人眼球。年事已高的男劳力，身穿二五的大短裤袒胸露背，肩披一条土布大手巾。那些老年妇女今天也穿得干干净净，整整齐齐笑容可掬。为了庆祝生产队开秧门和犒劳社员劳动积极性，男劳力每人一包“玉猫牌”香烟，女劳力每人一把糖果。那些男劳力从老队长手中接过久违的“玉猫牌”香烟，眉飞色舞，手舞足蹈，高兴的心情溢于言表，点燃一支叼在嘴唇上显得十分惬意。

“桃红柳绿谷雨天，农家插秧正当时。”老队长开始分工：“中青年男女社员一律下田插秧，老年人负责拔秧，不会插秧的老年妇女担任‘秧箩子’负责运输秧把子。我们生产队今年早插时间紧，任务重，全体社员必须引起高度的重视。插秧不仅要快，更要插稳，杜绝‘放湖鸭’，防止漂棵，秧苗必须均匀，注意行距，在保证插秧进度的同时，又要保证插秧的质量……”一面鲜艳的“农业学大寨”红旗，插在田上埂迎风飘扬。男女劳力齐刷刷站在田埂上，卷好裤腿，挽起袖口，跃跃欲试，严阵以待，暗暗下决心争夺早稻插秧的冠军。接着，队长调兵遣将谁来领头“牵埂”，哪些人督促栽插的质量，哪些人在后面合围“撵趟子”。老队长布置完毕，领头“牵埂”的中年男劳力，一马当先跳进田里，捋好秧把，弯着腰，低着头，拉开阵势。男女劳力像赶鸭子下水似的，纷纷下田排成一字形，只见“牵埂”的中年男劳力右手握秧把，左手像小鸡啄米似的直啄不歇，一行接一行，根本看不见手，只见水田随手而绿，令人眼花缭乱，应接不暇。那秧棵插得行行一致，棵棵均匀，左右开工，整整齐齐，有条不紊，干净利索。那领头“牵埂”的中年男劳力像一台小型插秧机，不一会儿就离开田埂十几米抢先一步。开始“撵趟子”，你追我赶，我赶你追，谁也不甘心落后。后面人在呐喊“快插呀，不然要坐轿啦……”夹在中间的那些人头也不敢抬，憋着气一个劲地插着。领头“牵埂”人已经插到最前面，回过头来大声说：“有本事你们追上来，我立马让位你来牵埂呀……”一番“拉锯大战”田里的秧把子已经寥寥无几供不应求，队长扯着嗓子喊“秧把跟不上啦，赶快运输啰……”那些担任“秧箩子”的老年妇女，挑着一担担沉甸甸的秧把，跑得脚板都不沾灰。秧把子抛得像麻雀一样飞，纷纷落在插秧人的屁股后面。

这时，田里水声哗哗，笑声不绝，拼命角逐，互不相让，一片沸沸扬扬。有些人招架不住，甘拜下风，索性投降，主动让位，拱手让快手上前。有些人不甘心落后，孤注一掷，被撵得鸡飞狗跳，焦头烂额，眼睛都睁不开，其结果还是“坐轿”了，被关在“笼子”里面，让人啼笑皆非。名次在不断地更新，趟子进退频繁交换，快进慢退已成为定局。经过十几分钟的角逐，快慢拉开了一定的距离，手快的大姑娘已经遥遥领先，手慢的被远远落在后面啦！插在前面的中年人，边插秧边唱：“一寸光阴一寸金，早插黄秧早生根；一岁年纪一岁人，早养儿子早得力……”歌声未落，从后面又传来老农“立夏小满两相连，老农耕种在田间；抢收抢种昼夜忙，只盼今年收成好”清脆的山歌声。那些姑娘们也毫不示弱，“姑娘并非刘三姐，唱支山歌张口来；插秧姑娘是能手，谁若不服比比瞧”，你唱我和，瞬间田里歌声此起彼伏，仿佛是农民山歌大PK演唱会呢！落在后面的人怎么撵也追不上，差距越来越大。

那些大姑娘的手简直是卖小鱼的“仙手”，不仅脚快手快插在前面，而且身上没有半点泥水，衣服干干净净的，连白嫩的手臂上都没有一点儿泥巴。你瞧，她们插秧的姿势，弓着腰，挪开双腿，右手捋秧苗，左手两指拈秧苗，既像蜻蜓点水，又像织布的梭子一样一来一往，一上一下，进退有序，快而不乱，叫人赞不绝口呀！那些大姑娘插的秧棵整整齐齐像方阵队，纵横一条线，一眼望通头。秧棵直直挺挺，手掌像带了兴奋剂似的，插下的秧苗棵棵眉清目秀，株株容颜焕发，笑逐颜开呢！根本不像那些拉里拉呱泥猴子的男人，浑身尽是泥水，经不起“撵趟子”，人家一撵就脚慌手乱，丢盔卸甲，秧棵插得拖泥带水，东倒西歪，溃不成行。队长在批评那些秧棵插得乱七八糟的男社员，那些人不但不接受，反而洋洋自得地说：“东倒东发，西倒西发，不倒不发呢！”瞧，“牵埂”的中年男劳力已插到了田后埂，一趟完成啦，洗洗手，坐在田埂上悠闲地抽着香烟，后面的人还在田中间激烈地“撵趟子”呢！

不知谁在喊“大队干部来检查插秧啦，大家赶快注意点，行距按要求，合理密植呀……”闻到大队干部来检查的消息，社员们劳动热忱高涨，个个龙腾虎跃，尤其年轻人更是干劲倍增。力争在五四青年节表彰大会上，得到大队团支部颁发的“青年劳动标兵”的奖状和一条印着“插秧标兵”的白毛巾呢！老队长乐呵呵地陪着大队干部绕田一周，大

队部蹲下来量一量秧苗的行距，数一数每棵秧苗的根数，问一问早插的进度安排……

“一把青秧趁手青，轻烟漠漠雨冥冥。东风染尽三千顷，白鹭飞来无处停。”你听，沸腾的田野里，犁田的吆喝声，水车吱吱悠悠的响声，洗秧把呱啦呱啦的水花声，挑粪人扁担叽嘎叽嘎的响声，悠扬悦耳的山歌声……交织成春耕大生产的交响曲。你瞧，一派热火朝天的劳动景象，像放电影的一样，刚才还是一片白水田，一顿饭的工夫，变成一片绿绿油油的秧苗。微风吹拂，那刚插下去的秧苗特别善解人意，竟然跳起“迪斯科”来报答社员们辛勤的移栽。那一行行齐刷刷的秧苗，整齐划一，微风拂过，前俯后仰，跳得多么富有节奏感呢！看到田里秧苗翩翩起舞，一片葱绿，老队长一张饱经风霜的脸庞平时不苟言笑，今天竟然挂着灿烂的笑容呢！

第七章

老街·老手艺

枞阳有很多的老街
雨水打湿着记忆
你想起老街的青石板
一根刚出锅的油条在等着你
而一只燕子
正从老屋檐下飞过

上码头

欧阳松风

很多年以前，母亲告诉我，我是在汉唐的一张图画里走进红尘的。那幽幽的摩刻着远古苍凉的石板路，如音乐般一级一级地从蒹葭苍苍、白露为霜的《诗经》里走入我的梦乡。

梦醒时分，我回望达观山，已是黄昏，汉武帝的猎猎旌旗从万里长江破浪而来。哦，射蛟台，蛟台里，《盛唐枞阳之歌》……

我一步步地走着，一步步地数着历史的年轮，出生、成长、成熟，少年、青年、晚年。我的历史，我的记忆，我的古城。这里有惜阴亭，这里有洗墨池，这里有北山楼，这里有钓鱼台、读书亭……

从秦皇汉武到今天，我爱的小城天天随我做着一个如诗的梦，清风明月，悠悠的枞川醒来了……

西汉元封五年（公元前106年）的冬天，汉武帝出驾南巡，沿江而下，抵达枞阳时，忽见江水泛滥成灾，波涛汹涌。汉武帝登上枞阳江岸边达观山，他怀疑江中有蛟龙在兴风作浪，于是拈弓搭箭，射向江中，

顿时风平浪止。汉武帝非常兴奋，即兴作《盛唐枞阳之歌》记载此事。

那时候，还不知道长河还有一个美丽的名字叫枞川河呢？河岸密密的杨柳一望无际伸向远方，河水清澈明亮，许多鱼儿游来游去。冬天的时候，天空飞着雪花，鹭鸶在长河的空中盘旋上下，长河上的船儿来往如梭，有带篷的小渔船，有架着大铲网的铲罾船，有运货的帆船，还有突突突响的机帆船。

芦花渡口的木渡船不停地来往于两岸，早出晚归地忙着，长河的对岸也是杨柳密密地沿岸生长着。春暖花开的时候，岸草青青，百鸟齐鸣。

沿着河岸，有一条不大宽的路通往街上，路的两边住着人家。

长河边的一处木跳板，每天都会有一个挑水的人来这儿挑水，他风霜的脸上写满小城的历史。我几次好奇地沿着他的踪迹一直走到那烧水的水炉边。一条古色古香的街道横断了去路，繁华的街上叫卖声此起彼伏。

走过街道，路的两旁还存留着些历史的记忆。木结构的古建筑颤颤巍巍，灰瓦上长满瓦松，落满衰草和秋叶。一口古井在古老的巷旁哼着古老的歌谣。斑驳的苍苔印着一页又一页的沧海桑田的变化。

汉皇一箭蛟患平，小城从此扬美名，千古枞阳迎旭日，长河碧波歌无穷。山的高处就有了汉武射蛟的遗迹，山的脚下就建起了一座寺庙。起初，寺庙里供养的应该是汉武大帝吧？日月轮转，那庙里供奉了屈子，供奉了关帝，供奉了观音。达观山下，当年汉皇走过的路就叫蛟台里了。

射蛟台一直是枞阳历史一个独特的人文景观，历代文人于此留下了大量诗章。姚鼐的《夜抵枞阳》：“轻帆挂与白云来，棹击中流天倒开。五月江声千里客，夜深同到射蛟台。”清顺治年间，铁骨御史左光斗公的女婿、明末清初著名的反清复明的方文曾筑庐于射蛟台下。他痛哀国破，浪迹江湖，终身不仕，隐居于江滨古镇枞阳。他在《初度书怀》一诗中写道：“流落江湖岁晚回，卜居预指射蛟台。独怜江上鲸波恶，万古还思汉武才。”诗外之意很多，故国之恋和流离人生的种种况味，如江水东流，言之不尽。《史记》《资治通鉴》都有相同的文字记载，《明一统志》表述更为具体：射蛟台在桐城县（明枞阳隶属桐城）枞阳镇，汉武帝“亲射蛟”此地。宋代学者苏辙引述张文潜的诗作，其中也有“龙惊汉武英雄射，山笑秦皇烂漫游”的句子，“龙惊汉武英雄射”说的

“引江济淮”工程拆迁前的枞阳大闸老窑货店

就是汉武帝在枞阳射蛟的英雄气概。明邑人、佥都御史方孔炤还曾有一首咏《射蛟台》的诗："南狩元封汉五年，舳舻千里薄枞川。浔阳日照朱旗动，天柱云开翠盖悬。远望楚中祠古帝，作歌海上返甘泉。射蛟惟有空台在，秋色东来起暮烟。"类似诗词歌赋千百年来不计其数，四海传扬。不难想象当时的场面是何等壮观，也不难想象当时的汉武帝是怎样的意气风发，豪情万丈，引起后人无数感叹。

在小街的出口，一座雄伟的古牌坊高高地耸立着，那牌坊上的匾额写着"蛟台里"三个大字。在小街的里面从拐九弯过去，有一处广场，那儿有一座巨大的石碑屹立着，上面苍劲地刻着"古枞阳"。

我家住在蛟台里，拉开我家四楼的北窗，对面射蛟台正在清风里沐浴着朝阳，蓝天白云，一片希望。听说古老的上码头就要改造了，不管是真是假，这都是希望，毕竟历史沉睡得太久太久了。那射蛟台，那楚中祠，那钓鱼浦，那银洲街，那都是小城枞阳的骄傲啊！

明月上中天，我在蛟台里枕着历史入梦。

老杜茶馆

江少宾

破罡街是条真正的小街，它长不足500米，宽不过20米，中间的那道十字路口像某个孩子画出来似的，向四个方向歪歪斜斜着。沿街的店铺大都小到不能再小，但脸面还算干净：新潮美发、百姓百货、破罡邮局、志友诊所、老杜茶馆、美味厨房……远远地看上去，像一册册挤在一起的形色各异的书。

清晨的小街非常热闹，源源不断的人流从四面八方向小街聚拢，人挤人，脚踩脚，仿佛一个乡的人都涌了进来。

上了年纪的老人占了大多数，剩下的就是一些专程来采购的妇女，一些跟脚的小孩儿。老人们的目的地大多只有一个：老杜茶馆。

老人们不是为了喝茶，也没什么特别的大事，就是去那里坐坐。

多少年了，破罡街最热闹的去处一直是老杜开的茶馆。

一张张油漆剥落的四方桌子，一把把缺了口或缺了把手的大茶壶，一条条漆黑麻乌的长凳子。大门旁边，是一口热浪袭人的大油锅，其间翻滚着的春卷，是小街最知名的早点，每一个破罡的人，大概都吃过。

倘是低头，便能看见火光中的锅底，黑而且厚，仿佛能够一块一块地割下来。——老杜茶馆里的陈设常年都是这副老样子，像那些黯然老去的时光，在烟雾缭绕的堂屋里丝丝弥漫。

这样的陈设与老人们的心境是相宜的，老人们一进来，尘封的往事就争先恐后地打开了，那些忧伤的琐屑，串成了一段段陈谷子烂芝麻般幽暗的岁月，这时候，老人们的笑容都堆在脸上，仿佛每一段岁月都是辉煌的。在这样的氛围里，连最寡言的老人也会打开话匣子，甚至会主动说起一段未竟的年少时的情事……

老杜，只有老杜始终保持着微笑，添茶水，抹桌子，送春卷，那种微笑，仿佛早已勘破了尘世。老杜似乎也有理由勘破尘世，说到后来，那些先走一步的人总是会频繁地出现在老人们的回忆里，人世无常的唏嘘与来日无多的感喟，很快就和新升的阳光一起，充盈于每一间屋子。

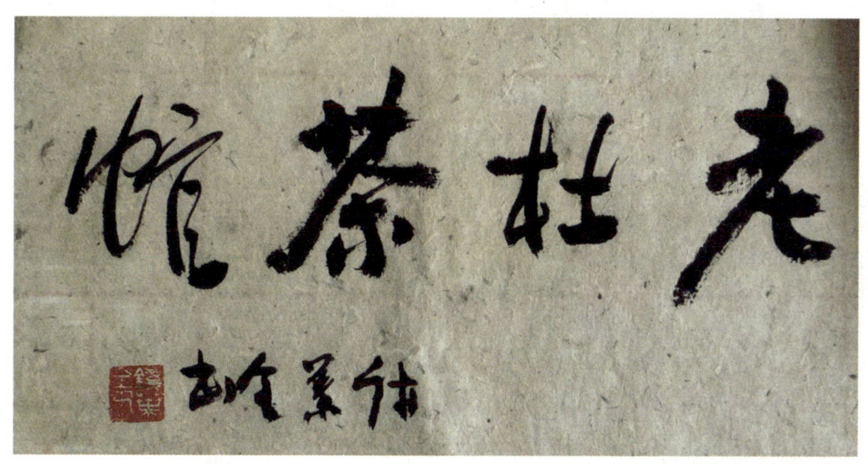

日子久了，一个乡的老伙伴们几乎都能相互叫出名字。隔几日不见，老伙伴们就嘀咕上了：老王感冒了，老张的脚崴了，老李的哮喘又犯了……这些隐秘的病痛很快就广为人知，并在口口相传中被无限地放大了。

倘是又隔了几日，还是不见谁的影子，老伙伴们一准就坐不住了，春卷也不那么香了，往事也懒得再提了。时常也有某个老伙伴忽然就不见了，也可能是没了闲钱，更多的怕还是为了被人惦记，就着鸡汤好下面，故意消失一段日子。但到底还是按不住，没等到耳根发热，忽然就自动现身了。一顿笑骂之后，这个“老不正经的”必然会喊：“老杜，今儿个春卷算我的。”

一根春卷两毛钱，多少年了，价格一直没有变。没有变的还有那一壶壶粗枝大叶的老山茶，茶味很淡，也很涩。

老杜茶馆于是成了一艘在时光的洪流中长期搁浅的船，满载着一船沉甸甸的回忆。老杜茶馆甚至还成了小街的一个代名词，这个问：“去哪儿呢?”那个必然会这么答：“去老杜茶馆呢!”

大多数时候，除了老杜茶馆，小街几乎都是安静的。

妇女们想买的很快就买了，跟脚的孩子们也很快就讨到了他们想要的东西，太阳一爬上巢山，集市便像露水一样散了，但老伙伴们依然会留在老杜茶馆里，打麻将、摸纸牌、下象棋。

站着的人比坐着的人还多，下象棋的也有人喊，打麻将的也有人骂，但没人会较这个真，输赢本就是无所谓的。

当夕阳低垂，晚霞如水，小街就慢慢而彻底地安静了。

黄昏的小街像个淡定的老人，连炊烟都是不急不慢的，三三两两的。事实上，黄昏的小街几乎就是座荒凉的空巢，只有老杜这样的老人愿意守在店铺里，看着有气无力的灯火在晚风里流窜。冬天的夜晚，七八点钟，小街就睡过去了，睡过去的小街像一场盛大的死亡，安静，连老杜的鼾声都能够听到。

老杜和父亲是多年的至交。算起来，老人家，今年应该有80岁了。

义津老街

徐 锋

义津老街，一个已有400多年历史的江北古镇，位于枞阳县义津镇境内。早在明清时期，它便因水而兴，后逐渐发展成一个商贸发达的繁华集镇。它曾是枞阳县的三大古镇之一。那些明清风貌的街头巷尾，藏着她最独特的味道。

过去，陆路交通多有不便，运送货物只能肩扛手提，辛苦异常。而在那还没有围湖造田的年代，水网密布，通江达海，水路交通便利。所以自古以来，凡是有名的古镇，大都是临水而居。义津老街也不例外，下街头的河网与菜籽湖相连，然后经枞川河直通长江。

记忆里，老街大致呈南北走向，南低北高，南面不远处有河道，过去应该有水运码头。一条两三里长的街道贯穿南北，街道不宽，中间是清幽光滑的石板路，分上街头、下街头。两旁大多是两三层的青砖木板小阁楼，窗户、门楼上有精美雕刻，上盖青色小瓦。一砖一瓦，斑驳沧桑，古韵满满。前店后堂，铺宅相通。大门很宽，上下有槽口，是一块块可拆卸的木板门。早晨，精明的店主开门纳客，掌灯时分，又把一扇扇木板复原，算是结束了一天的生意。

老街有各种各样的商铺，茶馆、酒肆、客栈、药铺、铁匠铺、理发店、杂货店和各种作坊分布其间，日常所需的各种吃、穿、住等用品可以说是琳琅满目、应有尽有。一年四季，无论阴晴雨雪，每天集市上人头攒动。特别是早晨和上午，老街永远会迎来一拨又一拨赶集的人群。街边的叫卖声此起彼伏，熙熙攘攘的人群拥挤在一条狭长的街道上，你来我往，购买各自所需的物品。但因为那时鲜有车辆，连自行车也不多见，所以走在街上，尽管摩肩接踵，倒也不用担心交通安全，只需防止被行人和货物绊倒就行了。

一过午后，赶集的人潮渐渐退去，剩下的基本上都是老街上的本土居民了，要不就是一些投亲歇店的旅者。街上也变得冷清了，老街的居民会三三两两地聚在一起，聊聊生意场上的得失，聊聊街坊邻居的家长里短。这时，你若漫步古街，少了人声鼎沸，更会别有一番情趣。你可以放空心境，细细品味两旁建筑雕梁画栋的古色古香。

400多年的安静生息，让这里祥和、静好，走在其中，心也会跟着静下来。若是再碰上烟雨蒙蒙的雨天，说不定会邂逅一位撑着油纸伞的温婉美女，让你不由得想起戴望舒《雨巷》中那个丁香一样的姑娘，撑起了你多彩的梦，也撑起了你对老街的向往。

当时我们那里人要上街购物，由于没有车，都是步行前往，去会宫街、义津街都可以，路也差不多，但因为义津街更大、更繁华，所以大多数时候去的还是义津老街。

其时，我们每次上义津老街时，都是从南面的下街口进入。临近老街时，要经过河道上的一座石桥，此石桥用大块青石条板铺就。据说此石桥的修建乃至义津名称的由来都与一个名叫彭义津的商人有关。

相传几百年前，这里还是名副其实的水乡泽国，乡民只能靠舟楫往来交流。后来，有个名叫彭义津的商人慷慨解囊，捐资修建了这座单孔石拱桥，造福百姓。后当地乡民为了感念他的恩德，便把这座桥命名为义津桥。地因桥而出名，此后地也跟着桥名改叫义津桥。所以义津桥既是桥名，更是地名。

如今作为地名的义津桥已成美好乡村建设的样板，更因是名人故里而声名远扬。只不知那座历经几百年风雨的石拱桥是否安然，是完成了她的历史使命了呢，还是在继续造福乡邻？

每年暑期双抢前，我的父亲总要上趟街。一来是因为要准备割稻用的小镰刀，因为这种刀是用铁打的，上面有一排小锯齿。上一年割稻以后放在家，时间长了可能已经生锈，或者齿已经磨平，需要拿到街上去叫铁匠师傅们重新加工一下，或者再买几把新的镰刀。后来出了一种新的小钢刀，一次性的，可用过年把也就坏了。二来是因为双抢期间很忙，很辛苦，已没有时间和精力再去上街了，所以再买些诸如海带、蛋

义津义西小学的留守儿童

白肉之类的生活用品，放在家中，以备不时之需。

那时，除了县城以外，老街还没有电话电报局。当然，电话是少有人打的，因为彼时电话还是稀罕物，除了区公所等少数几个单位有几部电话之外，许多人别说打电话，就连电话都很少看见过。所以十里八乡的人们，如果家有急事，需要及时联系在外的亲人时，一般来说都是拍电报，因为加急电报会有专人送达，不过资费也不便宜。一份电报是按字数计费，据说是一块钱一个字，所以人们总是用最精炼简洁的语言说清事由，一般一份电报稿都不会超过十个字。

一到腊月，街上更是人流如织，热闹非凡。货物也比平时更加丰富，节日的喜庆气氛笼罩街头，那是乡邻们一年中相对来说比较空闲的一段时光。有些人会把家中一些多余的农副产品拿到街上去卖，换回自己所需的物品。买年货的，买布回家叫裁缝做过年时穿的新衣的，买年画的等等不一而足。

这时，大人们往往带着家里的小孩子上街，小孩子除了要求大人们给他买些吃的之外，总是会买些小玩具之类的物品，满足一下小小的好奇心。即使那些怕孩子走路吃苦，不带孩子上街的家长，也会买些吃的、玩的回来，不会让在家的孩子失望的。

进入新世纪后，由于改道后的新枞桐公路穿镇而过，历史又一次给了义津老街振兴发展的契机。凭着义津人的聪明才智，勤劳果敢，新枞桐公路两旁逐渐商户林立，一个新的义津镇也逐渐呈现在世人面前。

多少年来，义津老街一直让我魂牵梦绕，我也一直期盼着再去看看义津老街，重拾曾经的记忆。今天，当我再一次踏上这片故土时，看着眼前焕然一新的街区，心中真的是五味杂陈、怅然若失。

伫立街头，我心有不甘。但思前想后，我最终还是忍住了那份渴慕的期盼，没再踏入古镇的历史深处，我怕那残垣断壁、荒郊野草会迷了我的眼，乱了我的心。但义津老街的味道却又在我的记忆里鲜活起来。

杨树湾

杨利民

我已离开杨树湾将近四十年，间或回去走走。许多人和事都是耳闻的，偶尔回去也是“儿童相见不相识，笑问客从何处来”。几年前，杨湾乡政府也撤了，成了个村级小街道，光滑的石板路也不见了，代之的是水泥路面，街道狭窄，房屋改得全没了古风。至于茶馆或是酒肆，我也不甚了了。然而，我儿时的杨树湾老街，连同那诱人的茶馆，还一直深深地印在我的脑海。

礼让矶·万亩圩·杨家祠堂

杨树湾往南五六里的地方是礼让矶，位于盛家矶和先家矶之间，三矶都是白兔湖（在菜籽湖下游，不知情的人都叫菜籽湖）夏季涨水时的半岛。古时，每年长江汛期江水倒灌，加上菜籽湖上游孔城以上周边山洪暴发，两头夹攻，湖水泛滥，三矶被掳入湖心。两三个月的水天一色，烟波浩渺，鱼龙世界，水鸟天堂，若说蔚为壮观，是对曾经遭受其害的先人的不敬。亘古以来，三矶不离不弃，在波涛汹涌中守望相依。

枞阳大闸建成后，湖水在一定程度上被节制。时人在以礼让矶与先家矶之间各往里缩进两三里的地方修筑了三四里长的大堤，俗称南大堤。在礼让矶北端与清华南部之间开挖一条东西贯通的人工河，俗称东开河。从东开河南岸往黄家矶北部修筑一条四五里长的大堤（东大堤），将东北上流几十里范围的雨水，经东开河排入礼让矶与盛家矶之间的河汊。西边在先家矶北盛庄与万年之间，也开挖一条东西贯通的人工河，俗称西开河，再在黄家矶的西北部李鱼桥与先家矶的北盛庄东边之间，修筑一条一里左右长的大堤，俗称北大堤，将麒麟至此十多里范围的雨水经西开河导往菜籽湖。矶与堤所锁住的圩田叫万亩圩。黄家矶就是躲在万亩圩北中间的一个四五里长的矶头，我家就在黄家矶尖往北四五里地的江庄。

枞阳老祠堂天井一角

万亩圩的修建，是一项宏大的惠民工程，杨树湾六个大队有四个受益，在那个田亩低产的年代，把万亩望天收的农田，变成绝大部分年份都能丰收的粮仓，是一件前所未有的功德。如此巨大而利国利民的工程，也只有新中国成立以后政府依靠人民的力量才能做成。我虽然未能参与始建，但我在读初中期间，利用周末和假期去南大堤挑土培堤，曾经亲历那热火朝天的生活。兴修水利，一般都是在隆冬季节。早上七点开工，中午四十分钟吃饭，下午天黑才收工，上下午中间稍有歇息。每人挑的两头筐子里都各有两大锹黑硬泥块，足有一百来斤重，从大堤内脚或外脚方塘往里有一百至三百米的大堤上挑，那个累呀，现在的年轻人是想象不到的，所消耗的能量，是每顿吃一斤半小红米饭都不觉得饱。反正我是上午巴望着吃中饭，下午巴望太阳快点下山。但是，满大堤黑压压的人都在穿梭般的挑土，堤上打硪（夯土）的人们喊着诙谐而又鼓劲的号子，天地间都弥漫着情绪高昂的氛围，你怎么好偷懒呢？打硪通常是四人拉一硪，由一位能说会道的人领唱："抬起硪来夯堤脚"，其余三人应着节奏"嗨嗨哟，嗨嗨哟"。"我唱歌来你来和""依嗨哟，依嗨哟。""小妹妹挑土我打硪""嗨依儿哟，嗨依儿哟。""我的歌声飞过河""啊哈哟，啊哈哟。""妹子听了好快活。"一阵哄笑后，大家甩起喉咙唱："咳咳！嗨嗨哟，嗨嗨哟，小妹子听了好快活！"从东到西，你唱我和，相互逗趣，此落彼起，热闹异常。堤下挑土的人们被堤上打硪号子所激励，竞相奔跑，不知疲倦，似有使不尽的力气。这样的场景，我即使再弱再累再挑不动也要鼓起劲来坚持到底。新中国之所以有今天的伟大成就，就是这样依靠集体英雄主义气概，从一山一水、一土一木、一圩一田、一路一渠、一矿一厂开始，父辈们一辈子做了两辈子的事，吃的苦是可想而知的。我虽因年少极小部分参与，但亲眼见证，确实有幸，并为人生增色，越往后我越觉得那是一个火热而又伟大的时代。

礼让矶最大的建筑物是杨家祠堂，建于明清之际，位于礼让矶东边面向盛家矶河汉的田畈上部，前临水塘，后有山岗拱卫，族人在祠堂三面散乱的建有房屋。杨家祠堂虽然不像皖南徽派建筑那样飞檐翘角，但其高大的梁柱，阶沿全是又宽又长的条石铺就，阶沿与屋顶之间高大而粗圆的石柱，以及由木石砖瓦构成的宽敞大厅，在那湖岸地带，确也算得上巍峨壮观。70年代中期，我16岁那年汛期，生产队派我与堂哥到南大堤看守水情，得到堂哥允许，中午我一人走了三里多路去看我心中那神圣的祠堂，虽然已经做了多年的小学，并且年久失修，门窗破损，没有了往日的风采，但它在我心中仍是一块圣地。

值得庆幸的是，族人在续修家谱之际，已将祠堂重建，并于前年竣工。族人终于有了祭祖、团聚的场所，所幸的是，我也是亲身参与者。

既然矶上最大的建筑物是杨家祠堂，礼让矶大姓当然是杨姓家族，也即我的祖家，杨家祠堂于明朝初年由会宫陈官庄迁来。落户陈官庄的始祖是化元公，他与二弟化成、三弟化行，于元朝末年率家众百余口从婺源迁来此地垦荒。杨化元生有三子，名福一、福二、福三，及壮皆舍家外迁。福一迁礼让矶，福二迁清竹涧，福三迁桦阳岗。三地之间不远，但距化元公所居之地陈官庄都有三十里左右路程。其实婺源也是侨居之地。几年前，我驾车陪同家族修谱委员会主要成员前往婺源探访，期望能寻得祖上在婺源的蛛丝马迹，结果一无所获。原来化元公祖父杨载（仲弘，1271—1323）是元代中期著名诗人，与虞集、范椁、揭傒斯齐名，并称为“元诗四大家”，福建浦城人，迁居杭州，侍母至孝，年近五十不仕，亦未婚配。与赵孟頫交厚，文章以气为主，诗作含蓄，意境颇新，如《水仙花》：“花似金杯荐玉盘，炯然光照一庭寒。世间复有云梯子，献与嫦娥月里看。”又如《到京师》：“城雪初消荠菜生，角门深巷少人行。柳梢听得黄鹂语，此是春来第一声。”一生著作颇丰，有《武宗实录》《杨仲弘集》《唐音选》《杨仲弘集古诗》《诗法家数》《松雪斋读录》。延祐二年元朝恢复科举考试，全国仅取五十六人，杨载中进士，授饶州路同知浮梁州事，年余迁儒林郎，官至宁国路总管府推官。在由浮梁往宁国上任路上遇红巾军起义，只得滞留婺源，隐姓埋名，吟诗自娱。当然，娶妻生子人之常情，有子杨勋等人。杨勋生子四人，即化元、化成、化行、化永，前三人迁往会宫，化永携父迁回杨载侨居地杭州。我虽没有探访到祖上在婺源确切侨居之所，但当踏上祖宗曾经生活过几十年的土地，特感亲切，流连忘返，并感慨良多，深深地感觉到我们的血液曾经此涓涓流来。由此地上溯至祖宗曾经居住过的杭州、浦城、华阴东宫、华山脚下、山西杨地、岐山……先人千万年的颠沛流离，休养生息，始由得姓祖先一人之身，将杨氏基因播撒华夏四隅及海外，蕃延至六七千万人口之巨，谈何容易！福一公一人迁居礼让矶，其子子孙孙五百年间与天地抗争，与战乱周旋，绵延不息，并由此处分散各地，终繁衍至数万人口。

杨氏本书香门第，耕织之余，不废诗书。子孙秀者使读，朴者使耕；耕读传家，代代相没。在那“十载寒窗无人晓，一举成名天下知”的科举时代，相较于功名利禄，杨氏子孙更重视道德修养。“出一丧元气进士，何如出一积阴德平民……”杨氏族人秉承祖上清德，铭记远祖杨震的“天知地知，你知我知”的名言，不管世道风云如何变幻，都能以“清廉为官，耿直处世，为民谋利，家风清白，质朴勤劳”的态度适应形势，谋生存、求发展。迁桐杨氏后裔中，远有杨红任南昌郡守，史留盛名；近代清光绪年间，杨澄鉴、杨佑甫父子先后考中进士，一时声名远播，轰动皖江。废科举后，杨氏族人亦能与时俱进。《枞阳县志》载，民国时期，杨鲁元任黄埔军校训育部主任，中将军衔，曾在北伐战

争中立下功勋；商界精英杨大猷，是香港巨贾，为抗日战争作出贡献。不应以炫耀之笔列数，那样会愧对默默无闻而有贡献者。

一方水土养一方人，一派血脉承万世情。留在礼让矶本土的族人，仍然坚守着传统，奉献着智慧，护卫着祖土。我等虽然远离故乡，谋生在外，但时常魂牵梦萦礼让矶。

杨家市

章新红

站在村前的黄塘埂上，极目西望，起伏的丘陵之下，是大片油绿的田野和零星散落的村庄。事实上，若是往西三里路，便有一座人烟稠密，夹三两条街道，名为杨家市的小镇安稳地停在那里。

杨家市，与姚王、会宫、虮子墩并称枞阳“四大古集”。自明清时起，携水陆之便，这里就已成为四乡八镇农产品的集散中心。小镇看似不大，但添置农具、买点布草、置办点烟酒糖茶还是可以的，小镇似百宝囊，应有尽有。若是农闲时节或是早晚上街，只需站在村子里喊上一嗓子，就有左邻右舍应声一同前往。历经乡情的积淀，杨家市已深深植根在周边乡民的生活里，彼此依赖，亲切又熟悉。

自栗子园出发，前往杨家市的小路有两条。可以穿过中塘后埂，经汤庄、汪圣庙、小洼里前往；也可先折往南，路过自家熟悉的水稻田，再爬上一个陡坡，至廿四公碑后径直西行。犹记得妻子第一次随我上街时的情景。走在高低曲折的田埂上，一路跌跌撞撞，一路充满好奇。时至今日，妻女仍戏言：单从地名上来看，还以为是一座城市呢，谁曾想却是这么一条小街。

小镇的旁边，依偎着一条白练似的杨市河。溯源而上，它的来路是素有“小黄山”之称的白云岩。它的归宿，则是经烟波浩渺白荡湖汇入的长江。白云岩上有青鸟，民间视之为吉祥、幸福的象征，“白云青鸟”为旧桐城八景之一。有道是“白云好寻，青鸟难觅”，桐城文派三祖之一的刘大櫆曾写道：“山中有青鸟，其声百啭，独时时往来于白云、金谷之间，他山未之见也。”至今，我还在臆想，若能依托杨市河、白云岩，发展一条乡村旅游带，定是个诗意的行程。

我唯一的姑姑就生活在杨市河西侧。每每前往，总得费一番周折。涨水的雨季，小立岸头，招呼一声，花上五分钱，即有渡船连人带货顺溜地驮过。枯水时节，河道虽然扁窄，若要过河，也得花上五分钱，走上一段附近村民搭就的“跳板”。记得五年级时，我和礼兵两个，结伴前往河西二十里开外的项铺买书。等到回来时，已是身无分文，只得各自脱了衣服，一手高举书本和衣服，然后晃晃悠悠地“踩水”过了杨市河。

长长的杨市河流经小镇，两岸的田园渐渐开阔起来。通往老街的河滩上，稀疏地立着柳树、刺槐等乡土树种，这是一片大宗商品交易的区域。柴火市上，摞好的一捆捆松丫，泛着松脂的香味。还是学生时代，我就曾和妈妈在此卖过柴火，一担一百三十多斤的上好柴火，能卖得四块五毛钱。米市上，一箩箩大米、稻糠列队相迎，攥一把在手，带着微热的余温和特有的清香，许是刚刚碾好不久。猪牛市上，关在猪笼里的仔猪、树桩上系着的水牛，连同热闹的讨价还价、偶尔扬起的一两声牛哞，交织在河流的上空。

靠山吃山，靠水吃水。麦收季节，杨市河盛产麦鱼，其色墨绿，肉

嫩味鲜，可鲜食，也可加工制成麦鱼干，属地方传统名吃。等到白荡湖水产大量上市的季节，渔民们早早醒来。通往杨家市的条条小路上，渔民们挽着衣裤，肩挑手扛，一路疾行，鱼桶前后节奏地晃荡着。天光渐亮的时候，露天鱼市便活跃起来了，鲜鱼、野鸭、莲藕、莲蓬、菱角、鸡头米等各色湖鲜一溜排开，摊前围拢着一帮顾客，挑肥拣瘦地计较着。氤氲着水淋淋的鱼腥味，老街陷入了一年当中最为丰硕的时光。

再往里走，进入小镇最为繁华的老街。溜光的青石板街道，百多米长，一条扁担宽。两侧古朴的房子，挨挨挤挤地对开着各色店铺：油条锅、布草店、铁匠铺、供销社、八珍糕坊，次第开着清一色的木排门。五分钱一根的油条，两分钱一个的水瓶塞子、麻花馓子，热气腾腾地买来，吃在嘴里香喷喷、油润润。街上的茶馆店，大多是这些吃食店主顺带开的。油条锅的后面，摆一只炭炉子，抽着跳跃的火苗，大茶壶冒着突突的热气。老家盛产茶叶，乡人有早上吃茶的喜好。一圈早市转下来，看看篮子里买得差不多了，遂进得茶馆店坐定，点上两根油条，掏出随身携带的茶杯，一边自在地吃喝，一边天南海北地侃着。此般景象，总要持续到上午10点以后，吃客方才各自散去。

每每回乡，我依例会去杨家市走一走，感知它的细微变化，回想它的陈年往事。生命中，那是一段永远无法抹去的记忆，就让我某一日也在它绵软的时光中老去。

项铺八记

吴老二

名山大川有名山大川的气魄，家乡山水有家乡山水的流韵。我没去过多少名山大川，可我熟悉家乡的一草一木。冬夏春秋，风雨晴雪，晨昏向晚，或登山，或玩水，俨然老友矣。稼轩曰："我见青山多妩媚，料青山见我应如是"，确道出我之肺腑也，且此语用之于水亦然。山水殷勤，不断变换着姿容，以悦我之心目，我岂能无意乎？于是仿柳河东之《永州八记》作《项铺八记》，以见我之寸心。

马埠山记

名之为山，实则小丘。在唐山村部后，四级砂石路（原白会公路）穿其前而过。南面稍陡，其下有塘，塘水终年不竭，名出木井。山顶平坦，建马埠山寺，古时香火极盛。传建庙之木为老方丈作法从塘中取出，故得塘名。山之东北面较缓，上山如履平地。山腰有茶园一片，茶之香味尤佳。唯西北面颇露山石，然皆俯伏，无有耸立者。全山十之八九为槐所覆盖，清明谷雨之际，花之盛时，清香四溢，闻之沁人心脾。移时，花落如雨，山径如铺积雪，堪为奇观。山顶北望，柳峰凤凰诸山肃立如墙，南望开阔，其远处烟波浩渺，乃白荡湖也。

女儿桥记

马埠山北五百米，有古镇名柳阳。青石板街道，宽可三步，长二百步，由东南往西北曲折而下，两边房舍尚可见旧时店铺之格局。出西北街口，其下有河道，自东北向西南蜿蜒而去，今已淤塞。唯一拱桥尚存，正对街口。桥身全为青麻石垒成，无引桥，远望如一轮出山之月。桥东西两面正上方，有楷书“女儿桥”三字。据县志载：此桥为当地陶姓居民集资筹建，已近百年历史。惜县志不详。吾曾于桥头南端发现古

香炉一，湮于地下，揣度昔日当有女儿庙于此，臆有一女子溺于此古河中，时人感之乃建桥为通商埠乎？立桥头而望，古河道尽为依依柳林矣。回首街道，牙檐参差，尚存古镇风貌，惜其繁华不再矣。

寨头记

项铺街道之北乃凤凰山，越凤凰山乃寨头。上寨头之路有三焉：西从龙虎村沿溪涧上，因树木稀疏，涧水时断，涧中大石裸露，此路甚陡；南绕凤凰山上，山路曲折于松林间，是寨头人出入集镇之主要路径；东自陡坡佬沿溪涧而上，景致最幽。涧呈箕形，三面山坡树林蓊郁，时闻好鸟相鸣。日出时，云蒸霞蔚；阴雨天，雾绕云缠。绝似好画，不让黄山。涧水澄澈，泠泠淙淙，时有较大落差，白水下注，珠花上溅，可作小瀑布观。涧石布苔，水草葳蕤，不染纤尘，煞是可爱。上见村落，鸡鸣天外，乃寨头人家。村寨之南，有寨堡之废墟，内有石床、石桌、石椅、石盆等，传为村民抗太平军所建。寨民风俗醇厚，憨实热情。屋舍零落于树间，时有好花佳果，奇石幽禽。无车马之喧扰，有空气之清新，堪比桃源，翻疑仙境。五柳先生至此，当乐而忘返乎。

柳峰山记

寨头西北仰望，柳峰山如巨人欲倾。山雄立项镇之北，乃镇内第一高山，远望青峰如锷，直刺穹苍，白云时绕山腰；近观则重峰叠嶂，如罗汉相倚，怪石狰狞，令人敬畏，亦使人生征服之心。

自南麓攀登，山径崎岖，荆棘满布，未至翠微，气喘汗涔。至第一峰，大石乱铺，可仰卧其上，心与白云近矣。再沿石隙仄身上行，小心翼翼至第二、第三、第四峰，三峰相距甚近。第四峰乃山之最高处，立峰顶四望，大地苍茫，浩气四溢，群山逶迤，田畴交错，湖光泛白，村落散布，好一派项镇山水。山风浩荡，脚下云生，“山登绝顶我为峰”，不禁指点江山，顿生豪情。极目远眺，石溪类绳，白荡如带，长江若练，萦青缭白，直达天际；众山俯首，奔聚欲来，方入“会当凌绝顶，一览众山小”之境，觉我乃巨人矣。过第四峰，山势渐低，而远处尚有数峰延至庐江境内，未曾至矣。抗战时曾有日机一架坠毁于山上。山上杜鹃极盛，大如树，花开如火似血，惜盛时无多人赏矣。

边山记

边山极类马埠山，在项镇之西，孤立于圩田中，景色优美。山上杂树满布，鸟声悦耳，涓涓细流，汩汩不绝。山之南，竹林青翠，桃梨似锦如玉，倒映碧水潭中，更添一层景致。山之北、西，时见高树，冠盖交覆，枝柯相接。钻树丛，拂长草以入，曲径通幽。山之东半腰处，有三巨石，高可丈余，呈三角形。后两石相连，高且阔，中为树根相隔，上平，可仰躺数人；前一石高而尖，人不敢上。石上似有字，漶漫不可辨，或言石乃通宝藏之门。石畔盘桓，思绪万千，姑名之“三生石”，且作歌曰：“三生石畔问三生，巨石无语费哦吟。前世渺茫空来世，珍惜今朝乃良箴。”歌罢拂袖而去。

石溪河记

河乃界河，上通庐江罗河，经白湖，绕浮山，缘石溪至夏叽大桥入白荡湖，河西为浮山镇、会宫乡。石溪街以下，河道开阔，水流平缓。

河水甚清，河底水草丰茂，岸上芦苇密匝，水产丰饶，鱼味鲜美，水鸟特多。古时乃重要水上交通线，石溪古镇缘此以兴。惜今已徒有集镇之迹，难见旧日繁华矣。传晋陶侃为枞阳令，县城当在此。镇东端为杀人刑场。溪对面即为枞阳名胜——浮山，山因此水益见秀美。夏叽大桥乃多拱石桥，中拱可过几百吨机动船。桥长约三百米。桥建于1966年。桥上览景，更添韵致。

项镇河记

源于柳峰之阳，蜿蜒曲折，未有名也，因其长为项铺镇之首，故名之项镇河。顺流而下，景致各异。自源头至朴树小学，溪水潺湲不绝，中多大石，出于水面，两旁高树交覆，清幽至极。出小学斗折而下，河

床深不见人，水草丰茂，牧羊于此最宜。至朴树桥，水势又缓，河道增宽，不见水草，河底多为卵石，水甚清纯。入徐岗，迂回田畴间，两旁良田赖之得以灌溉，河道反变窄小，河床低矮，河底杂生水草。至徐岗桥，乃其最深处，水势变急，冲岗而下，河床多凹槽，河底见黄土层，直至柳阳境，入百里秋乃缓。田亩因之获益，亦因之受害。因河道宽而淤塞，一旦洪水下注，极易泛滥，淹没大片良田。出百里秋入唐山境，河道开阔，河床高耸，直抵内河。河岸多为黄土，杂树丛生，景致幽邃，时见蝶鸟身影，尤以翠鸟为罕见，时或飞鸣于水树间。至棉叽，水流巨石上，哗哗作响，白浪如花，小鱼跳跃，柳林成荫，堪为佳境。流至此与另一内河交汇，直入白荡湖滨，上有一断桥，细辨可见“项镇桥”三字，可证明其项镇河不谬矣。

回望柳峰，不过十余里，而河流曲折，竟至几十里，可谓源远流长。

白荡湖滨记

自石溪河从夏叽大桥注入白荡湖汊始，沿唐山圩堤走一大半圈，再过一断桥（即项镇桥），为小岭圩，沿小岭圩堤曲折而行，至祖湾达金渡林山一带，乃白荡湖滨。丰水期，水位直抵项镇街道。唐山圩隔湖汊乃拔茅山，山势高峻，倒映水中，山色湖光，相映生辉。鸥鹭翔集，渔舟唱晚，于晨昏之际，红霞平铺水面，景致最佳。湖中有小山，与拔茅山若断若续。层浪涌来，涛声澎湃，浪花飞溅。有时水平如镜，白光闪烁，泛一叶扁舟，菱歌一曲，堪入江南水乡佳境，尽享山水之乐。圩田里，稻浪涌金，菱藕飘香。圩堤两边杉木成行，参天并立。乌金渡大桥从湖汊穿过，桥上车辆昼夜往来不绝，使白荡湖滨获得新的生机。

桂家坝

张正顺

对于很多地名，我们小时候都是从大人那里听来的。大人之所以提起，那是因为他们去过那里，熟悉，就常说着那里的事，以及在那里的经历。我们听得多了，就记住了其中的名称，仿佛也曾去过。若干年以后，当我们真的去了那里，则有似曾相识之感。桂家坝和陈家洲，我是同时从大人那里听说过，最初还以为是两个相互独立的地方。几年后经过桂家坝多了，才知道它属于陈家洲的一个地点，位于长江岸边的一个轮船码头。

很长时间以来，我对身处的地域历史有着浓厚的兴趣，比如考究一个家族的来龙去脉，或者推理某个地名的由来。对于身边很多冠上某个姓氏的地名，如项镇铺、周家潭、左家岗等等，我就想，这些地方大概由于聚族而居的缘故吧，最初居住的就是其中的某个姓氏，只是后来随着人口的流动，才弄得百姓群居罢了。

有一年读旧《桐城县志》，我发现了一个例外，位于枞阳东乡的

“陈家洲”，那是因为纪念一位政声卓著的官员而得名。这位官员叫陈于阶，是明代嘉靖年间的桐城县令，他为政宽简爱民，对身边下属严于管教。当时，桐城县境枞阳滨江一带，有数十里长的一片荒芜而肥沃的水洼地，叫牛角排洲，是他组织人们筑堤成田，每年可收获稻谷数十万石。陈家洲，一个洋溢感恩之情的名字。

位于陈家洲的桂家坝，我不清楚它是否与“桂”姓有关，但它真切地印在我的记忆里。我的父辈是地地道道的庄稼人，农闲时外出的地点无非离村庄不远的集镇，五六里，或者十来里。赶集只为买卖猪仔、化肥和农药之类。记忆中常去的集镇，往北是项镇铺、杨家市，往东是汤家沟。如果出远门，求医或者求学，则大多选择的是长江水路，上到枞阳、安庆、武汉，下到芜湖、南京、上海。

桂家坝因是离我们家最近的轮船码头，是我早年远行经过的一个重要地点，在以后的一段时日，又不时经过。也许是现实生活平庸乏味、毫无光泽，也许是澎湃的激情业已消失，或则是愈以久远的记忆愈以清晰，我们常常在耽于往事的怀想中，对那些过去经历的事，交往的人，那些曾经停留过的地方，总是清晰地呈现在脑海。所以与我成长历史紧密相连的桂家坝，我不能不时常地想起她。

我依然记得早年去桂家坝的情形。出门打村庄向东，一条长长的圩埂，尽头是湖水，乘船过渡，再上圩埂，首先到达的是叫汤家沟的集镇，然后再沿一条笔直向南的堤埂前行大约七八里路，就到了桂家坝。其间的堤埂其实也叫圩埂，所不同的是，路面上铺有一层细碎的砂石，走在上面发出嚓嚓的声响。路上除了行人，偶尔还见机动车辆突突地冒着浓烟，从身边一擦而过，志得意满的样子。圩埂两边夹着树木，叫杨树，修长笔直，却不是常见的杨柳，洒下浓密的树影。堤埂的下面是菜园地，或者庄稼地。这大片平整的土地，多少年以后，我才知道它就是所谓的“陈家洲”，如北方的平原极其相似，一望无际，而且都是河流冲积的结果。

一个地方的知名度与它占据面积的大小并无多大的关系，相反，有些地方甚至超过它归属地的名气，正如有人知道西安却未必知道陕西。经过桂家坝首先必经的汤家沟，是一座历史悠久的古镇，又曾为县治，名气比陈家洲大得多。

汤家沟居于陈家洲的北侧，在我早年不只是经过，还三番五次地造访，为此我曾写下怀念的文字。比较而言，居于陈家洲南侧的桂家坝没有汤家沟知名度大，时至今天，与一般的村庄实在没有太大的区别，但它因为是通往别处的一个站点，一处轮船码头，让人涉足，所以被人知道，甚至难忘。

我在北方上学的几年，每次出行，都往桂家坝去乘轮船，然后改上北向的火车。确实，桂家坝对于我来说，每次都只是经过，但是必经之地。

早年的桂家坝，没有一条像样的完整街道，也没有一处出售日用百货的商店，更没有农副产品交易的集市，除了一片船来船往的码头就剩下一些散落的民居，炊烟袅袅，鸡鸣狗叫。桂家坝为什么叫“坝”，我曾经这样猜测：它因为处于江岸，其居民临水而居，当江水暴涨时，就不得不筑坝防洪，或者他们本来就住居在江坝上。事实上，若去桂家坝，你首先迎面的就是一道高大的堤坝——长江大堤。

登上长江大堤，来到桂家坝，能望见江面上来来往往的船只，有大的轮船，小的机帆船。但最引起我注意的还是轮船，因为我将搭乘它远行。印象中，长江航运轮船有两类：大轮和小轮。大轮上抵重庆、下至上海，小轮则在小区间内航运，安庆至芜湖，或者南京。桂家坝是小码头，只停靠小轮，只有大码头既停靠小轮又停靠大轮。若要从这里乘大

轮，得先乘小轮去对岸的贵池或铜陵。

我早年赶往桂家坝乘船的时间大多数都是清晨。天麻麻亮从家里动身，经过汤家沟也才太阳起山，街上赶集的人来人往。顾不上看热闹，径直往桂家坝赶路。

长江轮船顺水、逆水航行，叫上水、下水，从安庆开始下水航运的小轮经过桂家坝正是半上午，我们必须早早来等候。来到码头，来不及多看一眼什么，首先想到的就是买船票。售票的地方仅是几间极其普通的平房，一方窄窄的售票窗口。前来买票的人不是很多，陆陆续续的。买好票，没有宽敞的候船室去休息，也没有大的广场可供乘客停留，这与我所见过的大码头，如贵池、铜陵、芜湖、南京，很不一样。从售票处到上船检票口之间的堤坝上，除了稀稀拉拉的几棵垂柳，没有任何建筑。堤坝上的人行道两边，处处摆放着案桌和板凳，是卖稀饭和茶水的摊点。稀饭一毛钱一碗，咸菜、辣椒糊免费，可以坐下来买一碗慢慢地吃。冬天，从预备的大铝锅里舀出的稀饭，冒着热气，一碗下肚，全身

枞阳洲上风光

立马热乎乎的。茶水大多数在夏天才见卖的，泡在现成的大茶壶里，按杯论价，大杯三分，小杯两分，橙黄色的茶水不见叶片，漫着淡淡的茶香，可以买一杯就地站着喝，只为解渴。

出门远行，满是落寞和惆怅，船票攥在手里，心里巴望轮船早点靠岸。于是眼瞅着江面，关注每一艘下水而来的轮船。每当江面有一艘轮船伴着悠长的汽笛驶来，就有一丝希望从心底滋生，可是眼睁睁地看它不理不睬地远去，便有些泄气。终于等到轮船靠岸的时刻，这也是码头上最沸腾的场面。随着声声汽笛响起，乘客一下子涌到了检票口，有人在吆喝“排队”，于是散乱的人群十分自觉地排出长龙。当轮船开始由远而近，趸船上的船工已经作出了等船靠岸的准备。就见船上穿着橡胶防水裤的水手迈着大步在船沿走来走去，将缆绳在船和码头之间抛去，然后架起跳板，将一切准备就绪，才开始放人下船。

上船下船的乘客分别通过两个临近的检票口，当船上的乘客下来差不多时，这边上船的栅门才开始放人检票。仓促地上船，厚铁皮的跳板在脚下有节奏地震颤着，发出哐哐的声响，像举行一种欢送的仪式。等到乘客全部上了船，轮船开始启航，浑浊的江水被漫无目标的搅成一团，上面的漂浮物时而没进水里，时而泛上水面。眼望轮船离开码头，

将房屋、树影、江堤向后抛去，心中充满着远行的激动和迷茫，竟止不住留恋地回头。

出门在外，回家的心情格外迫切。未等轮船靠近码头，心早已飞到岸上。当轮船上的喇叭开始播报将要到达的码头，我们就在出口的船舱边，一直注视着轮船向趸船靠近。船到码头，等于离家就不远了，下船踏上跳板的那一刻，有小鸟出笼的兴奋。迎面上船的乘客走在并列的另一条跳板上，若有认识的，还会打声招呼、做个手势。一句“回家啦”，洋溢着温暖。如果说，上船的乘客有一种赶路的仓促，那么下船的乘客显然有一种“船到码头车到站”的轻松，所有这些都写在脸上。

搭乘小轮，若是随身的行李不是很多，并不安心拣个座位寂寞地坐着，而是喜欢来到顶层的甲板上观望，看岸边的风景，船下被螺旋桨一股一股推开的呈现扇形的水波，看江上迎面驶来的一对拖驳，或者一艘高高矗立的大轮。经过桂家坝的长江小轮上，常见在人群中穿行的小贩，手提的篮子里有瓜子、茶干之类的零食，也有应时的物品，比如在夏天有冰棒或香瓜，冬天有甘蔗或糖粑之类。到了吃午饭的时辰，船上有供应的盒饭和面包。面包在乡下是稀罕物，油黄的外衣诱发人的食欲。米饭并不稀罕，大米甚至是陈年的糙米，比不上平日在家吃的米饭，只是窝在米饭一沓旯的菜蔬上可能有两块烧得酱红的肥肉，充饥更解馋。

经过桂家坝多了，还发现这里不仅是一处客运码头，还是一个货运港口，机动的铁驳、桅帆林立的帆船泊在岸边。港口距离客运码头不远，是各种物质的集散地和中转站，宽阔的江滩上堆积有整捆的布匹，成箱的日用百货和煤炭、油罐，是从外地运来的。也有将要运往别处的来自山里井边的特产——毛竹、矿石，更有堆积如山的陈家洲农副产品——棉花、芦席。在货物中间，会看到从未见过的大吊车和皮带运输机，还有来来往往的运货工人，将沉重的货物扛在肩上，发出沉闷的号子。

作为码头的桂家坝曾经引起我好奇的思考。在桂家坝的对岸是贵池（现在池州市），一座有着悠久历史的繁华城市。在陆路交通还不发达的过去，我们的先民主要依赖水路出行，因此桂家坝最早该是通往贵池的一个渡口。距离桂家坝不远的汤家沟，一直是沿江地区重要的小商品和农副产品集散地。这样桂家坝作为一个主要的物质中转站，因汤家沟而存在，相辅相成。

我最近几次经过桂家坝，是因为从这里搭乘去对岸贵池的汽车轮渡。汽车停在铁甲的船板上，人仍然窝在车子里，没有早年乘小轮的感觉。隔着车窗看船下流动不息的江水，依然是那样半黄半绿，江面上过往的船只寥寥无几。经验告诉我，这里从前的小轮已经没有了，甚至大轮也没有了。心中若有所失，又不禁释然。

我知道，在时间的烟尘中，如许茫然的遗失实在太多。但无论如何，桂家坝，作为一个中转地，一方瞭望外界的窗口，不只见证了一方区域的沧桑变幻，在于我，则刻录了青涩年华奔波的足印，积攒了生命的阅历，温暖着记忆。

陶侃·惜阴亭·运甓励志

余　翔

我最初是从苏州网师园濯缨水阁“曾三颜四，禹寸陶分”之楹联中知道陶侃的，但最近才发现陶侃惜阴之事就发生在枞阳。

陶侃（259—334），字士行，鄱阳人。晋平定东吴后，徙家浔阳（江西九江）。少孤贫，曾以捕鱼奉亲举孝廉。初为县吏，廉洁不苟，经鄱阳范逵引荐，与庐江太守张夔相识，召为督邮，后领任枞阳令，迁郎中尚书。晋永嘉年（307年），积功任荆州刺史，镇武昌。为王敦所忌后，调任广州刺史。王敦谋乱败绩后还荆州。东晋太守三年（325年），加征西大将军。咸和三年（328年），苏峻、祖约起兵叛晋，都城建康（江苏南京市）失守，大臣庚亮、陶侃兵力收复都城。陶侃受封长沙郡公，任荆、江二州刺史，都督荆雍益梁交广等州军事。陈敏叛乱，出兵讨平，加侍中、太尉。陶侃从军四十年，位极人臣，声威卓著，而且拥有雄毅明决，勤劳忠贞，惜时爱民，节物尚廉等高贵品德，著有文集两卷，是有晋一代文韬武略的名臣。咸和九年告老还乡，死于樊溪，

谥曰桓。

陶侃在枞阳县做了五年的县令，留下了很多故事，至今为人乐道。

陶侃自幼家教极严，为官时，母亲常教他要尊民、爱民、亲民，事事以身作则，不谋私利。枞阳是水乡，盛产鱼虾，陶侃经常到湖里察看渔民生产。当时枞阳有一种特制的鱼产品，叫作“鱼酢”。据《桐城县志·食货篇》记载：将上乘鲜鱼刀劈洗净沥干，用曲酿速成鱼酢。渔民们爱戴陶县令，就送他一陶罐自家做的鱼酢，陶侃接受鱼酢是想送给老母亲，他的母亲湛氏是位很坚强的女性，曾为他“截发延宾”，陶侃想报答一下母亲的深恩，但他的母亲收到鱼酢后立即将陶罐封起来并修书一封，责怪陶侃说“以官物遗我，非为不能益吾，以增吾忧矣”，后人称这一段佳事为“封酢”，称颂陶侃母子母贤子孝。

枞阳县境内的惜阴亭古名“运甓亭”，也是后人纪念陶侃励志勤政、刻苦攻读的事迹而建。陶侃为枞阳县令时，时刻想着要增长才干报效国家。为了锻炼体力与意志，他每天早上搬运一百块砖于屋外，傍晚又搬回屋内。陶侃平日不饮酒，不赌博，发现身边的参佐人员有聚赌取乐、饮酒误事的，既命令把酒器、赌具沉于江中，并说：“大禹圣者，乃惜寸阴，至于众人，当惜分阴，岂可逸游荒醉，生无益于世，死无闻于后，是自弃也。”陶侃自己带头学习，在他住所旁边有一个水池，陶侃每天练习书法后就在这个池子里洗砚台和毛笔。水池椭圆形，池底凸凹不平，周长约一丈六尺，水深二尺七寸。池水不涸，久雨不溢，池面有绿荫掩映。后人将这个池子叫作洗墨池。唐时枞阳子民为纪念陶侃“运甓自励”之事在城关镇达观山南坡上建起一座“运甓亭”，明正德十年（1515年），知县张崇德将其易名为惜阴亭。惜阴亭高5米，砖木结构。亭基为砖石铺砌，占地面积40平方米，亭身用粗圆木柱撑顶，亭基四周砌有石栏杆，高1米。亭顶为六角起翘，悬有铜铃，顶端有彩色

陶瓷宝顶。正南亭檐有一块长方形匾额，上刻“惜阴亭”三字。此亭于1938年日军侵占枞阳时被毁（另有“惜阴亭”非“运甓亭”改名之说，清《浮山志》就有“运甓亭”建在浮山白鹤峰右侧之记载。我们现在可以肯定的是枞阳大地上存在过“运甓亭”与“惜阴亭”），但洗墨池遗迹仍存。洗墨池现位于凤凰山大坡下的县委党校内，洗墨池池沿的石壁上，还立有两块明清时的古碑刻，但字迹已漫漶不清。

第八章 乡风民俗

举头望明月
低头思故乡
枞阳乡村新娘的红头巾里
有你的一轮明月

嫁　妆

黄琼会

早年读《京华烟云》，很喜欢木兰这个女子。林语堂说："若为女儿身，必做木兰也。"他笔下的姚家木兰，端庄大方、优雅动人，兼有黛钗合一的知性美，宛若春天里将满的那轮月。而她那冠盖京华的嫁妆，更令她生出一番风仪，好比从《诗经·桃夭》里走来。

嫁妆，堪称世间最华美的词。是一枝灼灼桃花，盛开在女子心头。旧时女儿出嫁，又叫"于归之喜"，做父母的总要为之筹备嫁妆。而在我们枞阳农村，这桩事也是相当隆重。过去，如果哪户人家土墙粉得雪白一片，木格南窗油过红漆，那么大多是马上要办喜事了。

那年月的乡间，新房里有最美的风景：几件红漆木质家具，一对单人沙发，一张雕花床，堆叠着大红绸缎喜被，被面上的龙凤麒麟、梅花牡丹，有花团锦簇之美。最醒目的，还是一台14英寸黑白电视机。如果娘家舍得买17英寸的做陪嫁，那是再体面不过了，简直成了喜事那天满堂宾客的谈资。婆家人自是喜上眉梢，视若珍宝，并感激于亲家的厚道大方。特别是女眷，少不得要朝新娘多看几眼，再满新房打量一番，同时赞不绝口。是时，新娘虽微笑不语，但神态气韵里，却是生生的喜悦。

这便是20世纪八九十年代，乡间女儿的嫁妆。世上女子的小幸福，大抵是靠美满婚姻来成全的。也许婚姻与家庭，本就是女子的人生正道。一旦推门进去，便意味着将要从此做个“宜室宜家”之人。而嫁妆，多少可以带来一份幸福的底气吧。只是，幸福的日月如飞梭，那时候的新娘，如今都已人到中年。她们的女儿，也大多到了出嫁的年纪。

我是2000年结婚的。千禧年，算得上一个崭新的年份。记得从初春开始，母亲便托人定做羽绒被。大至冰箱彩电，小到漱洗用具，头头尾尾，一应俱全地堆满了我的闺房。足足忙了一年的母亲，这时候依然问女儿，还需要什么——我深懂母亲的心思，眼睛无由地湿了。只是问母亲，你当年的嫁妆是些什么？母亲淡淡说道，我房间布置，还和当年一样，只是颜色旧了。你是从小看到大的——当年母亲在乡村小学教

2019年春枞阳岱冲湖畔　枞阳县旗袍协会演出外景

书，是用一份微薄薪水，为自己置办的嫁妆。上枞阳街头扯套的确良衣料做了嫁衣，是那时最时髦的面料了。而绣有梅花的红绸被面，手感柔软有质地，母亲是执意要买的。那精美的花饰，鲜艳温暖的红，多年也不曾褪色。甚至，我童年时身上的灯芯绒褂子，冬天写作业用来取暖的火桶，都是母亲嫁妆的一部分——而眼下女儿就要出嫁了，母亲心里，难免有种不舍，但表情却如平静的湖面，只一门心思筹备女儿的嫁妆，花去了一笔不小的积蓄。村里的长辈，皆啧啧称叹我是多么幸福。在我那百户人家的村庄，我的嫁妆，实在丰厚奢侈，几乎拔得当年头筹。母亲，分明将我当作了她心中的木兰呀！

先生的奶奶，是位80多岁的老人。母亲常说："老太太笑起来很慈祥，像活菩萨。"记得当新房布置一新，先生和我正在调试电器，婆婆扶着老人来看。老人一遍遍抚摸冰箱、彩电，喜欢得连声说："真好，

真好。”老人一生极苦，打小便以童养媳的身份寄养过来。起早摸黑，洗衣做饭，却仍旧讨长辈的嫌，有时体罚起来，竟是要睡柴房的。在旧社会，多少穷人家女儿，不过两担稻谷钱。嫁妆，不过镜花水月，是女子心头无望的哀愁。但只有嫁出去，自己和亲人才不至于饿死呀。老太太苦熬一辈子，老了，才赶上了好时候，看到这些新鲜东西。

我婆婆，也是吃过苦的。七岁没了娘，随父亲漂泊到棉乡彭泽。那地方有一眼望不到边的棉田，婆婆一双手，都是被棉花壳弄粗糙的。婚期临近，用自己种的棉花做两床棉被，嫁回枞阳农村，一过便是30多年。新房是两间草房，1976年先生出世时换了瓦房，10年后，盖了全村第一幢小楼。当年在一片土坯房的乡间，就数这幢小楼醒目，那时我放学回家，走在路上便能看见！没想到后来这户人家，却是我人生的归宿。

记得和先生结婚登记那天，很冷。拍过婚纱照从影楼出来时，外面飘起了雪花。一路上我们没说什么，只是相互笑笑，静静坐着看车窗外熟悉的路，这是一条求学落榜、离家归家都要经过的路。后来我问，我们真的要结婚了吗？那个人却不说话，眼里仍是笑，像个没心没肺的孩子，只拥紧我。我伸手接了一朵雪，那朵雪，轻轻卧进温暖的手心，带着我喜欢的沁凉，刹那间融化——现在想起，像某个电影里的情节。

如今，我在这户四世同堂的大家庭里，过着美好的生活。我想，无论时光的镜头如何转换，美满的婚姻，总是女子幸福一生的根本。嫁妆，永远是一种将古典传统与现代潮流兼收并蓄的事物，透过它，可以相望人生的景深，而世间，总窖藏着一坛女儿红，一代代酝酿并开启着女子不同的命运。嫁妆对于女子本身，其本质是一样美好的，是一袭质地华美的丝绸，深藏于内心，深藏于岁月深处。远看，恰似那支桃夭，其华灼灼，其叶蓁蓁，弥漫着千年的芳香。近看，有如一部老电影，记载着世间甘苦，并见证着时代变化，与一份永恒盛开的温暖。

吃喜酒 | 何钱文

父母亲感情很好，但偶尔也有拌嘴之时。幼时逢父亲参加酒席，母亲总免不了嘟囔几句。起头是叮嘱父亲少喝酒，接着总会来一句："瞧瞧某某，不就带小伢去了吗？"但父亲也会回一句："你瞧瞧人立荣，咱怎好意思。"

这位立荣叔，和父亲关系铁，家有三个孩子。但真没见过他带孩子参加酒席。曾问父亲何故？父亲脱口蹦一个字：傲。一直想不明白，如今才领悟父亲所说的"傲"字真传神：他一辈子清高，最怕别人说闲话。但父亲拧不过母亲，说归说，父亲赴宴时最终还是会带上我或弟弟俩人之一。贫穷岁月，参加酒席几乎是乡下孩子们的"美梦"。我幼时理想就是长大了，让父母天天吃酒席。

家乡酒席名目繁多，大致可分小席、大席两种。婴儿出生第三天，备两桌饭菜请宗亲长辈吃"三朝宴"；结婚后分门立户修砌好灶台，新锅新碗新瓢盆，新主人得在新灶里烧顿"新锅饭"来宴请长辈。此两为小席，规模不大，着重的是风俗仪式。让我们孩子们日夜思念的则是大席。新屋落成，学子考上大学，年轻人婚娶此为“红宴”，老人去世，称为“白宴”，这些在人生中都是很重要的事，至亲远戚都要备礼相送，礼厚礼薄要看情深情浅。除“白宴”外，送礼的和收礼的都会笑脸相迎，但酒席上菜多菜少，菜烧得好吃不好吃，评头论足的就多了。

乡俗除女儿出嫁和老人“七七日”这两场酒席定在中午外，其余酒席都在晚上。提前几天，男主人兜里揣几包好一点的香烟，去送礼的人家遍请一遍，以示尊崇礼节。到了日子，男主人一家都早早起来，自己或安排家人挨家挨户再去请一次。这两请是无论如何不可少的，但忙起来也有出错的时候。“二请”时没见到要请的人，后来忙其他的事给忘了。等酒席上到一半，主人发现座位上少了一人，暗忖：咦，这谁没来呢？思索半天拍腿顿悟：原来少了老夫子！这位老夫子姓张，念过私塾，写得一手好毛笔字，村里凡遇红白喜事，都请他挥毫泼墨，回报是酒席时请吃一顿。老夫子说话咬文嚼字，平时特别重视繁文缛节。“二请”他是不会来的，他非要比人多一请。但有的人家初办喜事，经验不足，一忙起来，往往就把他忘了，气得这老夫子背手摇头在房前屋后团团转，逢人就说：“那户人，真不懂礼。”

开席的时间临近，大多数客人会如约而至。先来的年轻人三五个凑一桌边打扑克边等，老人则围在一起谈天说地。等客人来得差不多了，男主人会招呼大伙停下来，重新安排座次。婚宴中，媒婆坐正桌首席，年高长辈居次席作陪。乡传俗语：“新人娶进房，媒人扔过墙。”新人能百年好合全靠媒人之功，做首席即为感恩回报之表。其余任何场合，正桌首席上做的必是岁高长辈。座次安排好，静候宴席开始。

说是大席，其实菜品也不算多，平均一场席二十道菜左右，比不得过去王侯公卿家的寻常家饭，但宫闱菜虽其华美，平民宴亦有特色。总体说来，乡宴主菜离不开鸡鸭鱼肉，辅菜配时令果蔬，中间再夹杂配上几盘凉菜，煎炸蒸煮炒，每样不缺，上菜时讲究荤素搭配，口味皆宜。等帮忙的“伙计”摆好碗筷，收完桌子上的糖果点心，宴席正式开始。首上的必是两碟冷盘。一为麻油凉拌胡萝卜丝，另一为醋熘藕丝。两碟冷菜端上来对角斜放。起先无人问津，酒席进行到一半时，却成为抢手菜，尝两口可以冲油腻，酒多之人尝几口能平心火。

第二道菜，一般上清炖老母鸡。一整只鸡炖好后放在大海碗里，鸡头用细竹枝和鸡身固定好，鸡的心肝肺肾都在里面。不消说，这道菜孩子们都喜欢。五六分钟光景，海碗里只剩下鸡头了。上第三道菜的时候，速度明显快了起来。灶膛里火势已旺，而且菜肴早先就洗净配好。上菜几乎是前脚赶后脚的工夫。三四五这几道菜多是混搭的时令小炒。常用的有青蒜、茶干、甜果、新笋、高瓜、辣椒、蒜薹等时令小菜。等上这几道菜时，大人们才真正举箸开吃，此时席场酒香飘溢，笑语喧哗，气氛也开始热烈起来。

枞阳乡村“吃喜酒”

第六道菜是氽鱼。原料是十斤以上的青鱼或黑鱼，皆为白荡湖盛产，乡人称“青混”“白混”，肉质肥嫩鲜美。幼时随祖父去白荡湖边亲戚家，见有人抓了两条一人多高的“青混”在坝边卖。好多人争围着看，但都舍不得买。祖父也看了好一会，连夸“好东西”。摸摸口袋，买不起。如今，我买得起了，但祖父不在了。氽鱼做法简单，去鳞剖肚后把鱼肉去刺切成薄片，放点盐腌上一会，粘一些地瓜粉放簸箕里摊好。等沸水下锅放下去，水沸时再捞起，洒点葱花即可。氽鱼和接下来上的“氽肉片”异曲同工，做法相似。氽肉片是把肉切成丁，选块干净的砧板，把肉丁往地瓜粉里转转，借来木工使的钉锤慢慢锤成薄片。两斤肉丁锤成的肉片能摊五六簸箕。氽鱼和氽肉片吃起来口感鲜嫩糯软，大人孩子都爱吃，席面上多剩不下。

但我最喜欢的却是第八和第十二道：冰糖炖银耳和冰糖炖鸡头米。逢入酒席，我总要空余出肚囊，专候这两道羹。银耳和鸡头米都属干货，价钱便宜，做法也简单，但属细工慢活，头一晚半夜就得在煤炉上细火慢炖。熬好后的银耳羹色润暗香，清雅静谧如花，轻抿上一口，甜润会透到心底。鸡头米炖好后粒粒饱胀如福娃笑脸，舀上一勺放嘴里，幸福甜润难以言说。

吃完鸡头米后，我们孩子们肚子已是凸圆鼓鼓，注意力转移到玩上来了，以酒席场为中心，屋前屋后疯戏狂欢，但开玩之前会选一个小孩做“探子”，上好吃的菜回来给“大王”通报一声。领头的“大王”喜欢吃粉蒸肉，一听说“粉蒸肉上来了”，游戏结束，孩子们一窝蜂跑到各家大人身边。粉蒸肉我们家叫“鲊肉”（谐音），做法也不复杂。把山芋和肥藕切成不规则的块状放屉笼里，选肥瘦相间的肉切成块放蒸肉粉里翻动，事前蒸肉粉里调料已配好，五香八角俱全。肉粘好蒸肉粉后在屉笼底放一层，山芋和藕块居中，上再覆一层肉片后盖上笼盖，放炉上清蒸。蒸肉时屉笼一层层堆积形如宝塔，炉火一生雾气弥漫。赞其香飘十里是假，但如遇上顺风，香飘半村却一点也不虚夸。人闻到肉香，食欲一下子就被勾引起来，粉蒸肉上桌，山芋和肥藕吸了肥油，相当好吃，孩子们都争着要。相反要肉的却不多，但我弟弟却是例外，他喜欢吃蒸好的肉，越肥越好，也只有在粉蒸肉上桌时，我才会想起在家盼着的弟弟。如果酒席场和家相隔不是太远，我会央父亲夹几块肉，偷偷地跑回家端给弟弟。弟弟一见粉蒸肉喜笑颜开，油腻满脸地说："哥哥，下回我也送给你吃。"有时候吃完还不解馋，弟弟会眼巴巴地问一句："哥哥，毛头圆子上了没有？"

毛头圆子是酒席上倒数第二个菜。之前还有一道菜名曰"膀"。五六两重的一块肉，切成四方形，肥多瘦少，放水加红糖一起炖。"膀"上来的时候，有调皮的逗小孩，夹半边肥肉放小孩碗里，小孩一吃进口总会喊一声："妈呀。"接着就会吐出来，腻得肚内翻江倒海。但只有一个人例外，那就是我二叔祖。二叔祖食量惊人，爱"膀"如命。逢上"膀"这道菜，他三下五除二就解决一碗，看得我们瞠目结舌。都说肥肉脂肪多，多食对身体不利，但于我二叔祖却是例外，他老人家今年89岁，体格强健，是目前村里最长寿的老人。

其实上粉蒸肉前，客人们都已吃得差不多了，但都不离席，上菜时也都是象征性地动动筷子，或者在看热闹。说来也怪，几乎每场席面上，总有几位好酒的男人如演员般"表演"，偶尔还能看一曲"武侠剧"。我有位出了五服的叔爷，用老夫子的话说是"惧内"，平日家里大小事物都"由内人做主"，但他只要在酒席上喝了酒，立马就变了一个人，凶巴巴的，手指着"内人"鼻梁大骂。第二天等清醒了大伙笑话他，他一脸茫然状，昨夜的事居然全不记得。此时如是婚宴，又会有精彩好戏上演。有主人家年轻的老表们，新娘子敬他酒时偏要其呼"表爹爹”，新娘要不响亮地叫几声就不准新娘过去。“平班平辈这怎么能叫呢?”但按老规矩，他不喝酒，新郎新娘就不能离桌。羞得新郎新娘是面红耳赤，百窘频生。这时巧嘴的媒婆一看时机已到：要帮新人说话了。递烟点火，巧舌如簧，若还不管用，眉头一皱使出撒手锏，拍拍兴味正浓的老表肩膀，坏笑一声：“嘿嘿，他老表，明年可就到你了。”此前说的一千句都不如这一句管用，撒欢的老表们一听这话，大多不说话了，杯酒仰头一倒，手一挥：“过。”还有的老表们将圆子果子拿根细线穿起来，掉在中间捉弄新郎新娘。新郎新娘刚一对嘴，咬那果圆时，突然将果圆高提起，新郎新娘嘴对嘴当众一吻，众人满堂哄笑。

上毛圆子这道菜时，酒席已接近尾声。毛圆子做法简单，但非常好吃。用猪前后腿上的纯瘦肉剁成肉馅，放上食盐、姜丝、葱花，加少许淀粉同和，搓成圆子状，然后放在淘好的糯米里滚上一滚，同样放蒸笼里清蒸。但一笼只放八个，每人一个，几桌蒸几笼。这道菜上时大人都留给孩子们吃。二叔祖每回看见我，招手说：“小伢来，吃这个。”

最后一道菜是“碗头鱼”，用鲤鱼红烧。圆子和鱼最后上，取“圆满”和“年年有余”之意。圆子可以吃，但鱼谁也不能动筷子。“碗头鱼”上完，客人们都酒足饭饱先后离席回家。久不露面的男主人搬来贴满喜字的稻箩，里面有刚分包好的糖果、糕点、香烟，一家一份，连说“招待不周，多多包涵”等客气话。有酒醉的还要安排家人送一送。

乡俗中“白宴”和“红宴”，菜品流程基本差不多，只不过白宴比红宴要多办一次，席面上气氛也较沉闷。从老人去世那天算起，七七四十九天内，大小祭事不断。小祭名目繁多，此文不语，大祭只有两日。一日为老人下葬，属大祭，家里要办一次酒席。正桌是族老和帮忙安葬的“土工”，族老居上席代表家长，土工次族老坐。说是“土工”，其实也都是十里八乡的村邻。张三去世了，李四王五来帮忙，李四王五去世，张三的儿子也肯定去帮忙，整个乡村就在这种互换中延续。另一大祭为“七七日”。“七七”那一天早饭后，离世老人的子女后辈们穿好孝衣孝帽，围着燃烧的冥纸屋和老人的旧衣物被褥狂奔哭送。衣物成灰，纸屋燃尽，一个人就从此远去了。留下帮忙的人打扫灰烬，主人再挨家挨户请先前送过礼的乡友亲朋再吃一次席。

无论红宴白宴，第二天一早，主人还要再小请一下族老尊亲和帮忙打杂的诸人。菜多是昨日酒席剩菜，再添两个时鲜小炒。偶尔有遗漏的客人，如前文老夫子等，主人更要备好礼物亲自上门赔礼，然后在拉过来痛饮一番。酒香迷漫，所有不快都随风飘散在酒香中，也飘到我这游子的乡愁里……

一晃，我有十余年没吃家乡的酒席了！

枞阳年味

老 桥

每年回老家过年觉得很有情趣，除了感受到浓浓的乡情、亲情外，我还感受到了家乡浓浓的年味。

家乡的年味是从腊八开始浓起来的，这天一大早，家家户户就开始忙着熬腊八粥，说是祭祖、祭神的，各家各户做的腊八粥不同，大多是用各种米、豆、花生与各种干果熬成的，寓意着五谷丰登。在我老家腊八这天还要泡腊八蒜，方法很简单，就是把蒜瓣放到装有高醋的缸或大瓶子里，密封起来，蒜的颜色就会慢慢地变成绿色，这种自然形成的绿色看起来很好看。腊八蒜吃起来有醋酸和微辣的味道，很好吃，配着过年吃饺子，更有情趣和食欲。我怀着好奇之心，接连几年在腊八前后揣摩着泡腊八蒜的时间、方法，说来也怪，只有过腊八时才能泡出腊八蒜的颜色和味道来。每年临近腊八时，我就叮嘱妻子，千万别忘了泡腊八蒜，现在离腊八节还有近半月时日，妻又在念叨着泡腊八蒜的事儿，使我顿觉这年越来越近了。

从腊八开始，老家大大小小的店铺就开始上年货了。一溜街上大小店铺五六家，都在想方设法把年货备得齐齐全全的，生怕让别人抢了生意，不停地忙活。有上烟酒糖茶的，有上鸡鸭鱼肉的，有上鞭炮香纸的，有上年糕、干果的，有上春联、年画的，各忙各的。看着店铺里上了那么多的年货，各家各户也开始忙着准备开了，溜达着到这个店铺看看，买点这个，到那个店铺买点那个，平日里相对平静的大街上就开始流动起来，好不热闹，这就叫“忙年”。

准备好了年货，在腊月二十三前还有一件大事，就是每家每户都要进行大扫除，辞旧迎新。这种大扫除在我老家叫“扫屋”，儿时的我觉得扫屋很有意思，看到大人们都在忙，怕灰尘弄脏了自己，男人们便戴上了帽子，女人们则围上了头巾，戴上了套袖，包扎得严严实实，把扫帚绑到木头杆子上，房子的梁、檩及边边角角都能扫得着。准备工作做好了，就开始把房子里的箱子、柜子、桌子等所有能搬动的家具都搬到院子里，对房屋灰尘进行彻底扫除。等彻底清扫干净了，再把地上均匀地洒上水，然后就把橱箱桌椅搬回来，或者把仅有的几件家具再变换变换位置，顿觉焕然一新，欢欢喜喜迎大年。

到了腊月二十三，就是辞灶，有的地方也叫“小年”，差不多也就是过年这场“大戏”的“彩排”。儿时经常听祖母念叨着：“过了腊八过辞灶，过了辞灶年来到。”意思是说，过了辞灶，离大年就不远了，那时只懂得时令，不知道“辞灶”是什么意思，一直困惑了我许多年，直到后来才听祖母说过：“辞灶就是灶王爷告辞，这天晚上，各家各户都要祭灶王爷，因灶王爷是家里的守护神，一家人的功过得失都在他的监控之中，辞灶这天，他要上天报告这一家人一年的功过得失。”听了祖母的解释，再默默地观察街坊邻里的祭神就更有意思了，天刚一擦黑，就忙着在院子里放上大盘子，摆满供品，开始供祭、烧纸、烧香、放鞭炮，鞭炮声一阵接一阵，连绵不断，随着欢快的鞭炮声，有人就把“请”来的灶王爷纸像焚化，有人就在烧香、烧纸时念叨几句，请灶王爷保佑一家老少平安，这就叫“送灶王爷上天”。等到除夕这天再把灶王爷接回来，他要赏罚这一家人。

过了腊月二十三，各家各户就更忙了，特别是大年三十这天，屋里贴福字，请财神，挂年画，街门前挂上红灯笼，门上贴好红红的春联，昭示着红红火火过大年，全家人高高兴兴放鞭炮，包饺子，团团圆圆，好不热闹，这才有了真正的“年味”。说起贴春联来，我记忆最深。二十多年来，每次回到老家，大年三十这天，都是我忙着贴对联、贴福字、挂年画等。每年我都在揣摩着对联应该怎样贴，福字应该贴到什么位置，“福”字红纸、方形，尖角向上，还要考虑哪个位置应该贴几副，是否对称、醒目、粘得牢，应该正着贴还是倒着贴，都有一番考究。例如，有的把“福”字倒着贴，寓意是“福到了”。贴好了春联、福帖，还要在门框上贴上横帖如“富贵之家”“吉祥如意”等，在正屋还要贴上诸如“富贵满堂”之类的横帖，在街门外还要竖着贴上“出门见喜”“出入平安”等，上方贴上尖角向上的“福”字，哪样忘贴了，就好像缺少点什么似的。所以，贴春联之类也是一门小学问，在我的记忆深处，家乡的年俗给我留下了美好情景。

腊月三十这天，上了年纪的祖母便会按照传统规矩，一一叮嘱：今天是大年三十，灯的油要添满，水缸里的水要盛满，明天的垃圾不能扫出屋，还要把鸡鸭鱼肉、年糕、各种青菜都准备充足，至少准备到正月十五，还要在除夕这天把该切的菜、肉都切出来，正月初一不能动刀。还说，这一天注定一年的运气，一定要小心，不能打碎家里的任何东西，不能大声说话，特别要多说好话，不能说不吉利的话，仿佛新年的顺与不顺，全在这种新旧交替的意境之中了，显得是那么神秘。不过一辈一辈都是这样传下来的，大年夜的感觉似乎都一样，我们也无可奈何，都是鸡啄米似的点头称是，都这么拿捏着。

除夕之夜，家家户户都通宵灯火不熄，鞭炮声几乎不间断。一家人欢欢乐乐围坐在一起吃团圆饭（也叫“年夜饭”）、祭祖、守岁。这顿年夜饭显得尤为重要，除非远在外地或工作脱不开身的人，老人在家望眼欲穿也没办法，一般能争取回家的人都争取回家吃顿团圆饭。在我家，每年父母都要为我们准备一顿丰盛的年夜饭，全家人团团圆圆，品着美酒佳肴，谈天说地，其乐融融。回忆一年来国事、家事、天下事，谈着各个家庭的收获，谋划着新年的打算，盘算着在新的一年如何开个好头，互相表示着对新年的祝福。对老人，祝福身体健康，对年轻人则祝福事业成功，对小孩则祝愿他们健康成长。随着时代的发展，过年也过得文明时尚了，富有新意，有滋有味，年的氛围营造得愈浓厚，年的滋味就酝酿得愈醇美，年就过得越有意思，甜甜的，暖暖的，热热闹闹的，充满了浓厚乡情、亲情的味道。“家”的感觉真好，“年”的滋味真浓，这是全家人营造的气氛，让人产生出无限美好的遐想。在这样的氛围下，有的整夜不睡，玩到新春佳节的钟声敲响，在欢声笑语中度过了奇妙无穷的除夕夜。

到了正月初一这天，男人们天不亮就起床了，穿好了新衣服，先给同屋居住的父母拜年，再按照辈分及亲近程度，到自己五服之内的其他长辈家中一一拜年。现在时尚同辈的也要同拜，在重复着“过年好”的祝愿话中度过这一天。

正月初二这天，在农村属于最闲散的时候，有的就组织着踩高跷、舞狮子，到比较富裕、开明的人士家里，敲锣鼓、舞狮子，组织者说些恭喜祝贺一类的话，主人则照例送上数百元、数十元的钱，有的则递上一条“红塔山”“哈德门”什么的香烟，他们就舞着、跳着又到别人家里去了。

正月里还要听大戏。这时，天气渐渐地暖起来了，这时候大正月的，唱大戏也吉祥，也有个闲心，老家父老乡亲组织搭起了戏台子，吸引着周边的老百姓来听戏。有个沾亲带故的人家，访亲会友又成了看戏的缘由，有的新媳妇的娘家人到村上来看戏，觉得脸上有光。这样，本村的、外村的、男女老少、小媳妇、大闺女，花花绿绿，说说笑笑，戏没开始，人先陶醉。当时农村大多演的是京戏，我记得有《刘备招亲》《王老虎抢亲》《铡美案》什么的。现代京剧有《沙家浜》《红灯记》《智取威虎山》等，我当时是跟着大人们去看戏，别人是听戏听门道，我是看戏看热闹，我也常跟着哼哼“磨剪子嘞戗菜刀”。

正月十五闹元宵。正月十五，是我国的传统节日，标志着正月过了一半，是春节过后的一个十分重要的日子，也是正月里的最后一个节日，这一天，观灯、猜灯谜、舞狮子、放礼花、吃元宵，非常热闹。过去，母亲到了元宵节就蒸花灯。用面做成圆状，中间做一个大孔，不用发酵就蒸出来，放上棉线，加上豆油，点起来就是花灯。有时候，再用红纸制作出小红灯笼，把花灯放进去，到了晚上点上，制作的多了，提着到大街上，摇摇晃晃，红红火火，也特别好看。现在农村的元宵节就是吃元宵、观烟火，乡邻们三三两两在一起，观看各家燃放烟火，有说有笑，在欢笑的气氛中度过了元宵节。

“枞阳文化丛书”2018年12月正式出版

家乡的年味是一辈一辈父老乡亲延续下来的，营造出这种浓浓的过年氛围，值得留恋，值得回味。

陆家湾老龙灯会

汪华君

枞阳镇处于长江皖江段北岸，位于枞阳县境西南，东连雨山镇，南邻桐城鲟鱼镇，西依安庆市郊，北与官埠桥镇接壤，是枞阳县的政治、经济和文化中心，县委县政府所在地。枞阳镇是古老的历史名镇，始建于春秋末年，古称“舒口”，为舒、相、庐、怀、潜等县的漕米集散处，历史上是重要的港口和商埠。全镇总面积90.23平方千米，辖12个行政村，14个居委会，人口9.6万。陆家湾靠近长江，这里民风淳朴，人民勤劳，世世代代以打鱼为生，人们通过舞龙灯这一民俗活动来祈求风调雨顺。

陆家湾龙灯的历史渊源可追溯到清末时期，有一年发大水，陆家湾村民在长江里捕鱼，洪水漂来一副龙灯的骨架，小湾村的人捞起了龙头，大湾村的人捞起了龙板，双方各自供奉家中。后因小湾村人口少，龙头被大湾村的村民抢夺，便一直由大湾村掌管。但龙头确是小湾村先得到的，经多方协调，商定龙灯以小湾村为娘家，每年初二出灯必先去小湾村拜年。

陆家湾灯会，世代相传，虽经历战乱和动荡，但基本保持活动的正常开展。在文革时期，龙灯作为封建迷信的“四旧”产物被禁，村民把龙灯藏于阁楼上，才被完好保存下来。传说有年腊月，龙灯于阁楼上发出公鸡般的叫声，老人们寓意这是老龙显灵。期间藏龙灯的村民家发生火灾，房屋尽毁，唯龙灯完好无损。改革开放后，农村逐渐富庶，陆家湾的人便商议重新组织龙灯队，得到了全体村民的赞同。他们组织村里身强力壮的小伙子，成立了龙灯队，连续参加三届县里组织的龙灯比赛，均获得头彩。随着陆家湾老龙影响的扩大，接灯的香客也越来越多，求子的、求学的、求平安的、祈福的各色人等络绎不绝。

陆家湾龙灯是枞阳县枞阳镇颇具影响力的传统民俗文化活动。陆家湾龙灯由5个自然庄轮流筹办，每年腊月由主庄召集其他自然庄代表开

会研究出灯事宜。

大致程序是腊月初八请龙、扎制、裱糊、送帖、接帖。正月初二出灯，初七、十四不出灯，正月十八上灯复（送龙上天）。上灯复时在人迹稀少的长江边，焚烧龙皮，送龙上天。

出灯时锣鼓开道，彩灯伴行，鞭炮齐鸣，声势浩大，随行观灯群众少则上千，多则上万，队伍蜿蜒游行，场面宏大，热闹非凡。陆家湾龙灯属板龙，连头带尾共13节，象征闰年13个月，每节均点上香烛。

陆家湾龙灯有诸多表演套路，部分已失传。现有套路：倒板、螺丝旋顶、抱柱子、舞四门、顺进反出、头招尾招、黄龙出洞等。

自请龙之日起，烛火不灭，由专人看护替换香烛。在舞龙时龙头不能被烟花烛火烧着，龙珠掉地时也要在熄灭之前快速拾起，否则香客会忌讳。龙灯出行过闸必须船运，两龙相遇必分大小边通过。每到一户人家，香客用鞭炮迎接，接龙进入厅堂，焚香烧纸祈祷。有的香客还愿须给老龙披红挂绿，香客们和围观者还要趁舞龙者不注意时，偷偷扯下几根龙须，以求自己和家人平安幸福。

陆家湾老龙灯会具有浓郁的民俗性和广泛的群众性，它寄托着广大民众祈求风调雨顺、社会和谐、家庭幸福的美好愿望和追求，不但丰富了当地群众的文化生活，还增添了喜庆祥和的节日气氛。

2012年11月陆家湾老龙灯会被公布为第三批市级非物质文化遗产保护名录。

杀年猪

吴福成

在老家农村，一进入腊月，家家户户都要杀猪过年。这是村里的头等大事，各家都把它当喜事来操办。我家也不例外，年初从集市上牵回来一头猪崽，在母亲一年的精心伺候下，早已是膘肥体壮，只等过完腊八节准备杀猪事宜了。

杀猪日子的选定不能随意，必须讲究个黄道吉日。母亲早早地请村东头的王瞎子帮忙算个好日子，因为在他们眼里，这些都关系到来年的五谷丰登，六畜兴旺，是万万马虎不得的大事。瞧好了日子，就要提前去请杀猪佬。“老胯子”是方圆几里唯一的一个杀猪佬，别人这样称呼他，大概是因为他个高腿长的缘故。腊月里，他可是个大忙人，母亲要请他可得提前好几天。“老胯子”会根据日程的安排，给母亲排出具体的杀猪时间。

正式杀猪当天，一家人谁都不闲着。抱柴的抱柴，扫地的扫地，大人们则要扛梯子，下门板，还要通知一个庄的亲戚六眷，中午都过来吃猪头肉。准备好这些，便把大铁锅里的水装满，等待杀猪佬通知烧水时间。不一会工夫，村西头几个小孩子跑过来，传话那边已经接近尾声了。母亲即刻将灶膛里的木柴架起来，水一会就在大铁锅里跳起了舞。在这当口，门外已经响起了脚步声，“老胯子”带着两个助手，挑着一担工具过来了。这杀猪的工具一边是长方形的木腰盆，用来装开水泡猪，另一边是一个油腻腻的箩筐，里面有杀猪刀、砍刀、剔骨刀、刨子、钩链等铁质器具。

木腰盆摆好位置，横放上门板，将箩筐里的家伙一一拿出来，“老胯子”点燃了父亲递过的香烟，朝天空吐了一个烟圈，便呼唤着几个人进了猪圈。只见他围着那头肥猪转了几圈，瞅准机会，将手上的铁钩钩住了猪嘴，其他的人一起上阵，揪尾巴的，抓腿的，拉耳朵的，三两下便将两百多斤的肥猪抬上了门板。说时迟那时快，“老胯子”那把明晃晃的长刀，“嗖”的一声，长驱直入进了猪的颈部，殷红的鲜血如泉涌般喷进了早已准备好的铁盆，猪的号叫声逐渐微弱下去。都说“死猪不怕开水烫”，趁着猪身上的余温，赶紧泡猪褪毛。母亲烧沸的开水被全部提来倒进了木腰盆，“老胯子”将一条细皮条从猪身下穿过，在沸水中来回拉动，助手们都过来刨的刨，刮的刮，很快黑猪就变得白胖胖的了。

接下来的活计是见证“老胯子”的刀功了。开膛破肚、剁猪脚、卸猪头、分猪肉，看着他手里上下翻飞的快刀，舞成的一片光影，还误以为闯进了古龙武侠小说的奇幻境界。不一会工夫，“老胯子”便按照母亲的意思把整头猪大卸八块，样样分类齐整了。母亲除了准备自家做腌肉的一部分外，还会给来喝酒的亲戚们一人准备一刀肉，附带一些猪下水或者猪头肉，余下的肉便让杀猪佬联系人卖到集市上。

记忆系列

师傅们的活计渐渐收尾了，母亲厨房里的活才刚刚开始。红烧猪头肉、青椒炒猪肝、猪血煮豆腐，在小姑二姨的帮衬下，不一会工夫，花样十足的一桌菜就新鲜出炉了。“老胯子”和他的助手坐在了上席，倒上自家酿造的米酒，几个回合下来，伴着菜香酒气和炭火上的热度，话越说越多，气氛越来越好……

第九章 故乡素描

故乡是水天相映的池塘
照见一个人灵魂的来处
而故乡往哪里去
乡愁的真正意义
是信仰与归来

枞阳家谱馆一角

故乡的素描

那时青荷

一个人，一生当中会去往很多地方，只有一个地方是用来回的，这就是故乡。

我的故乡是枞阳县境内一个普通的村庄，它像一颗小小的棋子，镶嵌在青山碧水之间，总是一副宁静而悠然的表情。我热爱这里，喜欢一次次回到这里，因为一旦回到这里，我的眼睛、心灵与脚步就会回归一种最轻松、最理想的状态。我喜欢村子四周绵延起伏的群山，喜欢自山里吹来的习习谷风，喜欢那清清的溪水绕村而过，喜欢一辈子朴实无华的乡邻，喜欢那婉转清扬的黄梅乡音飘荡在田园村廓之上……我把这些静静的喜欢，一次次地以素描的方式写在文字里，这样的过程，总让我获得许多意想不到的美景，总让我浸润在一种无边的幸福里。

特别是春天，当一枝枝桃花，迎着早春的细雨，在村头小桥畔、屋后溪水边随意地开着时，我的村庄，一下子便鲜妍生动起来。有了小桥和流水做水墨色的底子，桃花简直美如云霞，那光彩照人的精气神，让村庄这幅白的宣纸，顿时展现春意流淌的快意。连孩子们的脸庞，也被映得粉红粉红的了，他们在桃花下追逐、嬉戏、玩耍……勤劳的乡亲们却一刻也不肯耽搁，趁着这大好春光，扛起犁耙，吆喝着耕牛，开始耕作生产。一年的好光景，自此在桃红柳绿里，有了一个明媚的开头。

如今的家乡，桃花是一年比一年开得繁盛。我经常在家乡文人的一些作品里读到桃花的身影，他们笔下所描写的桃花盛况，深深将我打动。通过他们的文字，我得知在枞阳周潭，有个名叫大山的地方，每年春天，漫山遍野都是桃花。可惜我直到今天都还没有去过大山，没有见过那千亩桃园，我只有一年年在他们的镜头与文字里阅读这份美景。每一次阅读，都令我对这片桃花无限向往，每一次都在心里发愿，我一定要在春暖花开的时候，去一回大山，去看看那里美丽的田园风光，看看那片盛开的桃花。

当然让我向往的，不仅仅是周潭大山的这片桃花。枞阳我不曾去过的地方有很多，比如白荡湖、枫沙湖、白云岩、大青山、幕旗山……虽然都不是太远，可我都不曾涉足领略它们的迷人风光与独特内涵。只因每次都是行色匆匆，我与它们总是擦肩而过，无法作更久的停留。它们像一个真切的梦，栖居在我的心上。我向往它们，思慕它们，它们的美，于我是那样缺一不可，扣人心弦。我想在以后的时间里，我肯定会与它们相遇，它们也一定会以最温暖的怀抱，最动人的风景，来慰藉我多年的向往及相思。

记得每次从合肥回家，只要车子一过桐城，进入枞阳境内，我的眼前便开始显现出不一样的风景。高速公路两边，不再是那种单调的一览无余的平坦，视野里渐渐有了绵延的山势，山不高，但苍翠逶迤，更有田野、农舍、阡陌、湖泊等恰到好处地错落其间，呈现出一派丰饶的田园景致。这很好地契合了我的审美取向，让我不由自主有了欣赏的兴

致。望着车窗外熟悉的风景扑面而来，看见麒麟、浮山、老桥、牛集、会宫这些亲切的地名，在一片绿水青山间依次闪现，我不由得在心里对自己说：真好，又快到家了！心情蓦然间变得欢快明媚起来。相信这种感觉，每个离家在外的人，都曾亲身体会过。是啊，我又回到了枞阳，回到生我养我的村庄，我是这里永远的女儿，这里的一山一水，一草一木，一花一果，都是我久别重逢的老邻居，让我有发自内心的欢喜与爱恋。

我喜欢黄昏的时候去村头散步，村头有清澈的池塘，有临水而居的人家。这些人家都是我最亲近的乡邻，我和他们认识很多年了。或者说，从我一出生，他们便认识我，知道我了，他们对我是知根知底、了如指掌的。我在他们的目光里渐渐长大，渐渐变化，从一个女孩变成母亲，从天真活泼到沉静自若。许多年过去，我回来的次数也逐渐稀少，可他们一如既往地记得我，一看见我的身影，便大声喊着我的乳名说，呀！回来啦……这憨厚温暖的笑，一声亲切的呼唤，让我心头一热，百感交集。一个人当自己的乳名被人唤起的时候，心灵深处该是怎样的温暖与悸动？这些年离家在外，我听到自己乳名的机会越来越少，幸好我的乳名，一直被我的父母及乡亲们记挂着、滋养着，养成了一棵珍贵的乡土植物……这一刻，往事是那样清晰如昨，一如眼前水天相映的池塘，可以照见一个人灵魂的来处。

当然，这清澈的池塘，更多的时候，是用来展现黄昏之美的。塘埂四周都是丛生的野蔷薇与金银花，半人高的翠绿，让池塘更添几分妩媚，它们都是池塘不可或缺的一部分。此时斜阳已经铺满西山，一片片霞光也铺满了水面。水面上还点染着山峦、云树、炊烟和晚风的倩影，晚风一阵阵拂过，那些荡漾的水波，一下子将那漫卷于水中的夕照、云朵和山峦的投影给揉碎了，水面那波光粼粼的色彩瞬间不一样起来，有了一种全新的五彩斑斓，看上去像极了一幅印象派的名画。

这些年，在这些极寻常的黄昏，只要我回到故乡的村庄，我就会收获这一幅幅美丽的画面，收获这一池塘的清澈与温暖。对于一个普通的个体生命而言，还有什么比这更贴近幸福、更贴近心灵的体验吗？乡村的空气总是如此清新，透着一种草木的气息，散发着一种原生态的清香，可以让梦、雨水和月光，自由地呼吸，安静地生长。

对于一个人来说，这一辈子至少会拥有三个故乡：地理上的故乡，岁月上的故乡，心灵上的故乡。或者说，我们这一辈子的行走与追寻，也许只为获得一个理想的途径，可以将这三个故乡好好搭建，合而为一。因为，不管我们走多远，都走不出心灵与岁月。我们的心灵总是通达着故乡，总是与故乡血脉相连。只有故乡，是个可以放心的地方，只有故乡，是我们永远的根。

我不敢说，这个理想我已经实现。我只是想着能在一些年以后，放下所有的琐碎与奔忙，回到美艳的枞阳，回到生我养我的村庄，过一种我所喜欢的，安静美好的生活——当想到这一切的时候，我的内心便进入一种前所未有的开阔与敞亮。这种感觉，像一束嵌进灵魂的光，我无法用文字很好地表达，不过这种感觉，我想你一定懂得。

归枞阳

周东辉

在美国东北生活久了，不免会想念我的故乡安徽枞阳，这个长江岸边的小县城。“春风又绿江南岸，明月何时照我还”。

四月里的家乡正是草长莺飞，杨柳拂堤。“乱花渐欲迷人眼，浅草才能没马蹄”。四月里的家乡是“山随平野尽，江入大荒流”“月下飞天镜，云生结海楼”。这样的风景，这样的人间四月天，我小的时候习以为常，以为到处都有。这些年来我也走过了不少的地方，还是觉得故乡真美，那是人间的大美，传说七仙女下凡，也要到我们那里，成就了《天仙配》这个黄梅戏的经典传奇。

公历四月，家乡正是农历三月，我抽空回国，去看看父母亲人，去品味家乡的美食，去追寻春天的脚步，一年里享受两个春天。

回家是个漫长的历程，十三个小时飞到北京，再几个小时飞到合肥，第二天中午才能回家。这一路行来，机窗下大多是冰雪世界。回家，车窗外渐渐地不见了广袤的平原，终于看到了越来越美的山水，终于见到了越来越浓的春色。故乡啊，风是柔柔的，云是淡淡的，山是清清的，水是潺潺的。

这趟回国主要是陪陪我的父母亲人。家门前就是山水，我每天就步行去各处锻炼，爬几次山游几遍水，用华为手机随便拍拍照片，倒也是好得很。

有感于家乡的山明水秀，人杰地灵，欣作小诗一首。

归枞阳

四月轻车归枞阳，麒麟奇树绕奇山。
湖波白荡粼粼细，山色青葱绵绵长。
红楼点点迷晓雾，浮渡空濛辨仙凡。
他年花开似云锦，鱼米丰饶富贵乡。

附录

乡愁——枞阳天下游子共同仰望的星光

省社科院课题组

枞阳县历史悠久，早在旧石器时代，这里就有先民定居和生活。西周时为宗子国，西汉元封五年（公元前106年）置枞阳县，属庐江郡，距今已有2100多年。唐代以后并入桐城县，至1955年，恢复枞阳县旧名。

“襟江带湖，山水相依”的城乡风貌

枞阳拥有秀丽的山光水色，属长江北岸河流水系，长江流经县域78千米，地势西北高，东南低，中部低山、丘陵、岗冲相间，东南部属沿江洲圩。境内主要山峰有三公山、柳峰山、城山、岱鳌山、浮山、𪩘山；河流有横埠河、杨市河、钱桥河、罗昌河、枞阳河；湖泊有菜籽湖、陈瑶湖、白荡湖、枫沙湖、神灵赛湖、羹脍赛湖等，形成了“襟江带湖，山水相依”的城乡风貌和空间特色，山、湖、河、城有机结合，自然景观与历史文化浑然一体。

“依水而居，风格独特”的古镇古村

自古以来，枞阳就是鱼米之乡，通过治水、垦田和水运商贸，在河湖水系沿岸，建造了一个个古镇古村，建筑风格既有皖南徽派民居的典雅古朴，又有江北民居的简约开放。枞阳镇上码头，是水运集散地，人流密集，商贸繁华。汤沟镇的桂家坝，老洲镇的老洲头，都是极负盛名的商埠之地。2014年，枞阳县陈瑶湖镇水圩村、枞阳县周潭镇彭桥村、枞阳县义津镇义津古街被列入安徽公布的首批传统村落。

“流派纷呈，精品荟萃”的文物古迹

枞阳历史文化资源众多，类型丰富。全县境内已发现古遗址、古墓葬、古建筑、古石刻、近现代重要史迹及代表性建筑等不可移动文物339处，以明、清、民国时期为多。核定公布为各级重点文物保护单位38处，主要分布在河湖水系沿岸村落，其中全国重点文物保护单位1处，全省重点文物保护单位15处，县（市）级重点文物保护单位22处。书画、陶瓷、玉石等可移动文物2300多件，经过专家鉴定的三级以上珍贵文物497件（套），其中一级品10件，二级品14件。枞阳镇（城关镇）是古老的历史名镇，菜籽湖之水流经城南出口达江，古称“舒口”（又名枞口、三江口），为舒、桐、庐、怀、潜等县的漕米集散处，是历史上重要的港口和商埠。镇域文物古迹有汉武帝射蛟台、落箭墩；晋枞阳令陶侃的洗墨池、惜阴亭（运甓亭）；宋黄山谷读书处（达观亭）；明、清桐城文派的先导方以智的还庵和钱田间的北山楼。现存于浮山天然石壁上的483块摩崖石刻，作者分布广泛，书体兼备，时间

2019年汪旭光院士回母校浮山中学

跨度自唐代一直到1954年，是枞阳县最重要的历史文化瑰宝。还有阮晋卿、王胜、阮鄂、方学渐、方以智、钱澄之、刘大櫆、姚鼐、吴汝纶、房秩五等名人墓葬，柏文蔚、章伯钧、朱光潜、黄镇等名人故居，桐东区抗日民主政府、渡江战役中线指挥部等革命旧址，都是枞阳历史文化的重要组成部分。

“亦文亦商，包容开放”的地域文化

枞阳地处吴头楚尾，也是南北文化的重要交汇点，系长江流域一处重要的人文地理胜地。上码头是枞阳古镇最早的水运码头，也是枞阳县城的历史源头，从明清到民国很长的一段时间，这里商贾云集，货贸繁荣；文人骚客，诗赋传唱。正是这种“亦文亦商，包容开放”的皖江地域文化，造就了清代最大文学流派桐城派的繁荣，包容了佛教、道教、基督教、天主教与本地文化的相互交流。桐城派“三祖”出生于枞阳，枞阳籍作家有700多人。明代东林党领袖左光斗、清末民主斗士吴樾、近代侠女施剑翘、抗日英雄童长荣也诞生于此。

枞阳县非物质文化遗产十分丰富。在以前，枞阳县域属桐城县的东乡和南乡，当地有句俗话“文不过南乡，武不过东乡”。枞阳是鱼米之乡，稻作、渔猎、耕读、商贸等各种文化的交互作用，孕育出了东乡武术、枞阳胡琴书、陆家湾老龙灯会等众多灿烂的非物质文化遗产。

“亦文亦商，包容开放”，这是枞阳县独特的历史文化品格，也彰显了皖江文化的内涵。

在枞阳历史城区内的重要景观有望龙庵、达观山、陈氏宗祠、凤凰禅寺、白鹤峰。以这些重要的景观地点为中心，可以形成以下几条重要的视线通廊。

以望龙庵为节点的视线通廊：月儿湖→望龙庵，长河→望龙庵。

以达观山为节点的视线通廊：月儿湖→达观山，上码头→达观山。

以陈氏宗祠为节点的视线通廊：上码头→陈氏宗祠，白鹤峰→陈氏宗祠。

以凤凰禅寺为节点的视线通廊：陈氏宗祠→凤凰禅寺，白鹤峰→凤凰禅寺。

以白鹤峰为节点的视线通廊：凤凰禅寺→白鹤峰，莲花湖公园→白鹤峰。

重要观景点及观景视界。

纵观景：从上码头开始，沿长河大堤直到下枞阳，看长河的纵向景观及两岸景观。

俯瞰景：凤凰禅寺俯瞰上码头历史文化街区及长河两岸景色；白鹤峰俯瞰古县城江湖一体特色；达观山俯瞰上码头历史文化街区及北洲景色。

建立历史文化景观网络，构筑整体呈现的空间框架。

枞阳历史文化资源丰富而分散，为整体呈现全县的历史文化景观意象，在保护的前提下，可以利用各类文化路径，把零散的历史片段经过串联整合，形成历史文化景观网络。

整合邻近的相关历史文化资源形成历史风貌区、风景区等；通过历史轴线、道路、河流等串联沿线的历史文化资源形成历史文化廊道、风光带、景观轴线等；结合历史城区、历史地段、风景名胜的重要出入口、文化标志等则可以形成历史文化节点。名城各类历史文化节点、廊道、区域等的叠加整合就构成了名城的历史文化景观网络，这往往就是名城历史文化特色的集中展示空间和精华所在。

强化历史文化景观的规划引导与设计，串联整合各类历史文化资源，从城区、古镇、县域三个层面挖掘文化线路，组织文化景观系统，形成历史文化空间网络，整体呈现枞阳历史文化风貌。

一建城区历史文化景观空间网络。

依托防洪墙、长河、莲花湖、白鹤峰等组成的历史轴线及老城区其他特色道路和河道，串联整合老城文物古迹、历史地段和山水资源，形

成“一核”“双眼”的历史文化景观空间网络。

“一核”指历史文化资源比较集中的上码头核心区域，“双眼”指历史文化信息较为丰富的方家墩遗址和白鹤峰书院遗址。

二建县域历史文化景观空间网络。

枞阳县域的古镇古村，依托河湖丘陵而生。以古枞阳镇为中心，串联整合县域各类历史文化资源，形成“一个中心，两个走廊，两个引擎”的县域历史文化景观空间网络，并可以与周边桐城、铜陵、池州连成更大的历史文化景观空间网络。

“一个中心”是指以枞阳镇老城区为中心，向外延伸。

“两个走廊”是指枞阳北向的“枞阳文化名人走廊”和枞阳东向的“枞阳长江文化走廊”。“枞阳文化名人走廊”的具体路线是枞阳镇—官埠桥镇—会宫镇—浮山镇—义津镇—钱桥镇—麒麟镇。这条走廊，汇聚了桐城派的众多著名作家和其他历史时期重要学者的墓葬、故居等。“枞阳长江文化走廊”是沿长江把周边历史文化景观串联整合起来，凸显枞阳深厚的历史文化积淀，具体线路是枞阳镇—青山—大山镇—汤沟镇—陈瑶湖—周潭镇。这条文化走廊多姿多彩，古今文化相互辉映。青山石屋寺有“小九华”之美称，形貌特异；青山何氏家庙既是乾隆时代的宗祠，又是桐南区抗日民主政府机关、渡江战役二野三兵团属部驻地。大山镇有著名的“大山八景”，人杰地灵，名士辈出，譬如阮大铖、丁岱岳、钱田间、程学启等历史文化名人，有众多古遗址、古碑刻、古庙刹、古建筑，其中阮鄂陵墓最值得保护和研究。汤沟镇有古街道、水府庙和无名革命烈士墓。陈瑶湖的水圩村是省级传统村落，谢氏宗祠也是桐东区抗日民主政府的旧址。周潭镇有周氏宗祠，彭桥村是省级传统村落，“东乡武术”列入省级非遗名录。

“两个引擎”，是指浮山风景区和东乡武术。浮山风景区作为枞阳县旅游龙头，应大力挖掘浮山历史文化资源，带动县域旅游产业升级壮大；东乡武术作为独特的非物质文化遗产，2013年被公布为“中国体育非物质文化遗产保护与推广项目”，应抓住机遇，建立会馆或培训基地，大力弘扬和传承非物遗产，带动县域其他非遗的保护和推广，打造新的文化产业。

通过历史文化主题系列，对特色历史文化资源从空间上进行串联整合，可以形成主题鲜明的特色历史文化景观空间系列，而展现名城名镇名村的特色历史文化，可以提升名城名镇名村的知名度，把特色资源变成旅游产品。

一是码头文化主题系列。依托历史文化资源丰厚的上码头及防洪墙，辅以长河沿岸码头历史信息遗存，终点是下码头遗迹，可以形成枞阳码头文化主题的考察旅游线路。除了枞阳镇多处古码头之外，散布江河沿河的古镇古村都有古码头遗迹。

根据码头不同的功能和特色，串联整体县域码头资源，辅以宣传营销，可以打造“天下码头看枞阳”的旅游品牌。

二是摩崖石刻文化主题系列。依托浮山摩崖石刻，串联整合县域现存有特色的摩崖石刻，可以形成摩崖石刻文化主题的考察学习线路。

三是浮山摩崖石刻的文化主题系列。名家众多，五体兼备。可以把这一特点突出宣传，打造“中国书法名山”的旅游品牌。“文山”概念，含混不清，对游客的吸引力不大。

四是宗教文化主题系列。枞阳宗教文化资源丰富，具有鲜明特色。依托浮山寺院，串联整合县域各地不同宗教资源，可以形成宗教文化主题的考察研究线路。

枞阳宗教文化最大的亮点，是历史文化名人与宗教都有关联。譬如方以智后来出家为僧、阮大铖在浮山寺院吟诗作赋、钱澄之入清后削发

国务院经济发展研究中心钱平凡博士回家乡枞阳仪山

为僧等等，出家的时间与地点虽然不同，但他们与枞阳这块土地上的宗教文化有或深或浅的关系。深入挖掘名人与宗教之间的文化旅游资源，以新鲜好奇为卖点，可以产生良好的文化输出效果。

五是家族文化主题系列。依托名人墓葬或故居，关联周边不同的名家望族文化，设计不同的家族文化旅游线路。枞阳著名的家族文化有：浮山方氏家族文化——以方以智为代表，“一门五理学，三代六中书”的方氏家族学术受到一代又一代后人的景仰，梁实秋这样评价：“桐城（今枞阳——编者注）方氏，其门望之隆也许是仅次于曲阜孔氏”；㘰山阮氏家族文化——以阮鄂墓陵为中心的阮氏家族文化是枞阳历史文化资源当中最重要的遗产之一；钱桥麻溪姚氏家族文化——清代有“桐城张姚二姓，占却半部缙绅”之说，桐城姚家实际发源于枞阳麻溪，姚氏代有传人，姚鼐更是和方苞合称“方姚”，成为桐城派的代名词；宕山钱氏家族文化——枞阳钱氏，祖先聚居白荡湖畔宕山（今枞阳汤沟仪山），故称宕山钱，钱氏在明朝中叶“一门三进士”，仕途通达。

串联整合枞阳家族文化遗产，可以打造科举家族文化、官宦家族文化、乡绅家族文化等系列进行宣传营销。

六是枞商文化主题系列。“亦文亦商，包容开放”是枞阳历史文化的特色之一，历史上枞商的商业精神、处世风格、人生态度等等都是值得挖掘的财富。依托上码头老字号商铺，串联整合县域各地古代枞商资源，可以形成枞商文化主题的考察学习线路。

除此之外，可以结合枞阳节庆、民俗、非遗等进行策划，挖掘历史文化主题资源，推动经济社会迈向新的台阶。

兴建各类博物馆，追寻历史文化踪迹

博物馆是历史文化遗产的坚定守护者，也是历史文化踪迹的忠实记录者。尽管博物馆不是旅游业，但博物馆灿烂的历史文化资源，对当代全球游客具有无穷诱惑。博物馆作为现代旅游业重要的人文景观和旅游资源亮点，是旅游业经营精英们的重要发现，已经成为社会可持续发展的重要推动力量。

博物馆的兴建，可以依托古建筑、古遗存等兴建专题博物馆或名人纪念馆，也可以结合历史文化名人诞生地和主要活动地兴建名人纪念馆或事件纪念馆，也可以单独选址兴建专题博物馆、名人纪念馆。鼓励私人兴建各类博物馆，切实发挥历史文化资源的作用。

枞阳名人纪念馆，突出现当代名人系列，譬如，朱光潜纪念馆、黄镇纪念馆、章伯钧纪念馆等。

枞阳历史博物馆

枞阳民俗展览馆

枞阳东乡武术馆

枞阳非遗博物馆

……

建立历史文化标识系统，增强历史文化资源感知度。

历史文化遗迹是城市精神的载体，在城市精神文明建设过程中起着文化传承的重要作用。通过设立指引牌、标志牌、说明牌等，为城市历史文化遗迹设计标识系统，将历史文化遗迹内在的文化精神转化为现代视觉语言进行展示，是为了增强历史文化资源感知度，展示城市历史文化内涵，让历史文化资源看得见、找得到，让社会大众认识和关注历史文化资源的文化和艺术价值，起到加强城市历史文化遗迹保护和传承作用，提升城市的自豪感和竞争力。

枞阳历史文化街区的保护

历史文化街区是指文物古迹比较集中或能较完整地体现出某一历史时期的传统风貌和民族地方特色的街区、建筑群、小镇、村落等。可以规划将历史城区之历史文化街区和县域之古镇古村分别保护。

从枞阳历史城区保护范围内划出两个历史文化街区，包括上码头历史文化街区、白鹤峰历史文化街区。

上码头历史文化街区保护的范围：西边、南边至长河，东至凤凰山路，北至规划的上码头道路。

重点保护上码头老街风貌、传统店铺及可以反映枞阳历史文化信息的旧建筑，重点保护历史街区内的各级文物保护单位。

恢复、重建古枞阳牌坊（正大街进口）、东胜牌坊（正大街出口）、永盛牌坊（银洲街进口）、还庵（上码头江边）、辅仁会馆（上码头江边）、楚中祠（又称水府庙，在原公安局西侧）、陋巷会（在前进街）、童长荣故居（正街）、达观亭（又称黄庭坚读书处，在达观山）。

上码头历史文化街区范围内，新的建筑设计宜采用传统符号，具有传统建筑的特色，营造与上码头相适宜的风貌特征，严格控制建筑高度。但也不宜清一色仿古建筑，应强调建筑的多样性，从整体上取得协调。可采用现代的材料加上传统的空间形式，或传统的材料在现代建筑中的运用，以丰富功能业态，激活老街活力，可利用古井、旧石条、老墙、古树等历史文化要素，建设开发空间。

白鹤峰历史文化街区的保护范围：南至长河，东至金山大道，北至湖滨路，西至湖滨路。

重点保护白鹤峰山体及历史遗迹，重点保护莲花湖方家墩原始风貌和历史遗迹。

白鹤峰历史文化街区范围内，不应有大量无关保护的建设，一切建设活动均应经规划部门、文物管理、林业部门等审批后方可进行。新的建筑设计应强调与白鹤峰、莲花湖景观的协调。可借鉴杭州西湖经验，利用莲花湖周围自然山水，恢复重建白鹤峰书院、文昌阁、方苞读书阁等历史遗迹和景观，建设步行开放空间，做好“湖文章”。

建议将莲花湖公园改名为方苞公园，理由有二。一是《安庆府志》记载，莲花池是康熙朝侍郎方灵皋（方苞，字灵皋）之祖业。方苞曾在此植荷观鱼，作文吟赋。现湖旁方家墩居住人家皆方姓，乃方氏后裔，属桂林方。二是以历史人物命名，可以突出城镇浓郁的历史文化氛围。

历史文化街区的保护具体要求如下：

2019年枞阳油菜花节枞阳籍杰出人士回乡谈发展

（1）历史文化街区的保护，应按《历史文化名城名镇名村保护条例》及《城市紫线管理办法》的规定执行。

（2）保持历史文化街区原有空间形式及建筑格局，古井、古树、铺地、路标及反映居民生活之特色庭院应予以保留或恢复传统特色。

（3）不符合风貌要求的建筑，首先应确定其是否具有历史文化资源方面的保存价值，再确定予以拆迁、改造或保留。

（4）电线、电线杆等有碍观瞻之物应逐步转入地下或移位。

（5）街道历史文化建筑小品应符合枞阳地方传统特色。

后记

最暖的重逢

许　旸

遥望家乡枞阳，仿佛隔着烟波浩渺。一片雾气霭霭中，有一处坐标却异常清晰——曾经的街角一家十来平方米小书店，距童年老屋五分钟路程，填饱了精神饥渴的少年时代。

如今，那家书店早已销声匿迹，老街也改头换面，但我却总能一遍遍回想起，在小书店疯狂买了多少本刊物啊！世俗万象的《故事会》、清新纯净的《少年文艺》、幽默畅滑的《童话大王》、娇滴滴的《少女》、世界名著中译本……厚的薄的、雅的俗的，囫囵吞枣也幸福。有时也蹭看，在店里一站半个多钟头，双眼扫射炮般贪婪掠过密密麻麻的字。那份阅读所独有的专注、乐趣、快感，震颤至今。

有意思的是，如今的我正从事着一份与阅读打交道的工作。我采访了许多知名非知名作家，有些幼时偶像依然笔挺、有些黯然崩塌；我能第一时间饱览市面上的新书，不再如饥似渴倒也还没厌倦；我变着花样在报道里写大城市实体书店的开开关关，却总忘不了人生起点的那家简

陋书店……

这是一种隐喻吧，我想。我的爸妈，我的家乡竭尽所能滋养着年少轻狂的白日梦，让我站得高了，心也大了，几乎要迫不及待地离开原点，几番张牙舞爪后，开始试着看清来时的路，反哺曾经的养分。所谓念念不忘终有回响，就像是线性的时间流淌成一个圆圈，我曾以为不复返的平行世界，居然奇迹般地重逢，闭环。

不愿俗套地用深情、想念、报恩，来形容我与故土的千丝万缕。我们都在变化，记忆中的一部分实体必然灰飞烟灭，但我们都渴望彼此变得更好。即便在远方、在他处，故乡所赋予的出发的勇气，就是最结实的行囊。而当我像个成熟的孩子，再度来到你的面前，小城没有暮年之相，我也依然野心勃勃，那就是最暖的重逢。